»Oft und gern« sei er in Gotha gewesen, an seine Aufenthalte dort würden sich »die meisten Erinnerungen eines langen Lebens knüpfen«, erinnert sich der 78jährige Goethe.

Als junger Mann hatte er von Italien aus dem Gothaer Herzog seine Dienste angeboten. Dennoch ist Weimar über fünfzig Jahre Goethes Lebensort geblieben; die Stadt, an die sich der Begriff der Weimarer Klassik bindet. Doch hätte es nicht auch Gotha sein können? Diese Frage ist der Ausgangspunkt von Sigrid Damms Buch.

Vom ersten Aufenthalt des 19jährigen Studenten auf Schloß Friedenstein über die intensive Zeit der Freundschaft Goethes zum Gothaer Regenten und dessen Bruder bis hin zum alten Dichter, dem Besuche und Nachrichten aus Gotha stets willkommen sind, wird erzählt. Wir erleben Goethe als gerngesehenen Gast und umworbenen Gesprächspartner in Gotha, als Dichter, privat und in diplomatischer Mission.

Dieses Buch – wie stets bei Sigrid Damm auf der Grundlage akribischer Recherchen erarbeitet – enthüllt vor dem Hintergrund von Kriegen und Wirrnissen, von Kongruenz und Widerstreit zwischen den benachbarten Fürstenhöfen Gotha und Weimar ein weitgehend unbekanntes Kapitel in Goethes Biographie und fügt ihr eine neue aufregende Farbe hinzu.

Sigrid Damm, in Gotha/Thüringen geboren, lebt als freie Schriftstellerin in Berlin und Mecklenburg. Die Autorin ist Mitglied des P. E. N. und der Mainzer Akademie der Wissenschaften und Literatur. Sie erhielt für ihr Werk zahlreiche Auszeichnungen, unter anderem den Feuchtwanger-, den Mörike- und den Thüringer Literaturpreis.

insel taschenbuch 4444

Sigrid Damm

Goethes Freunde in Gotha und Weimar

Sigrid Damm

Goethes Freunde in Gotha und Weimar

INSEL VERLAG

Erste Auflage 2016
insel taschenbuch 4444

Vertrieb durch den Suhrkamp Taschenbuch Verlag
Umschlag: glanegger.com, München
Umschlagabbildungen: Archiv für Kunst und Geschichte, Berlin
Satz: Satz-Offizin Hümmer GmbH, Waldbüttelbrunn
Druck: CPI – Ebner & Spiegel, Ulm
Printed in Germany
ISBN 978-3-458-36144-2

Nun sag' ich noch allen Freunden in Weimar und Gotha ein treues Lebewohl!, schreibt Goethe aus Italien, die benachbarten Fürstenhöfe in einem Atemzug nennend. Es ist der 29. März 1787, Goethe ist in Neapel, steht kurz vor seiner Einschiffung nach Sizilien. *Eure Liebe begleite mich, denn ich möchte ihrer wohl immer bedürfen*, heißt es nach Gotha und Weimar gewandt. Und rückbesinnend: *Heute Nacht träumte ich mich wieder in meinen Geschäften.*

Er spielt auf seine Amtstätigkeit am Weimarischen Hof an. Diese hat ihn in eine tiefe Lebenskrise geführt, den Poeten in ihm erstickt. *Doch ist mirs wie einem Vogel der sich in Zwirn verwickelt hat, ich fühle, dass ich Flügel habe und sie sind nicht zu brauchen.* Den lange schwelenden Konflikt zwischen Minister und Dichter löst Goethe, indem er alle Bande zerreißt und aus Weimar flieht. *Wer sich mit der Administration abgibt, ohne regierender Herr zu seyn, der muß entweder ein Philister oder ein Schelm oder ein Narr seyn.*

Heute Nacht träumte ich mich wieder in meinen Geschäften. Kaum ein halbes Jahr ist er in Italien, zunächst in Rom, der Hauptstadt der Welt, nun, von Neapel aus, auf dem Weg nach Sizilien. Sein rückwärtsgewandter Traum von seinen *Geschäften* scheint keineswegs quälend oder belastend zu sein, im Gegenteil, seine Erinnerung ist positiv, denn erneut offeriert er – diesmal beiden Fürstenhöfen – seine Dienste. *Es ist denn doch als wenn ich mein Fasanenschiff nirgends als bei Euch ausladen könnte.* Mit dem Fasanenschiff bezieht er sich auf einen Traum, von dem er wohl am Gothaer Hof im Beisein des Weimarer Herzogs berichtet haben muß: Es träumte ihm, daß er einen Kahn voller Fasanen und Pfauen heimbringen will, aber keinen Landeplatz findet.

Nun die Formulierung *nirgends als bei Euch* ... Der Plural. Und in metaphorischer Umschreibung das Angebot seiner Dienste. Am Schluß: *Möge es* (das Schiff) *nur erst recht stattlich geladen sein.* Damit meint er die existentielle Notwendigkeit, eine lange Zeit in der Ferne zu bleiben, neue Sinneseindrücke und Erfahrungen zu sammeln, an deren Ende er wiedergeboren sein und dann erneut zur Verfügung stehen wird.

In Thüringen, wo man alle Nachrichten des heimlich Geflohenen gierig aufnimmt und verbreitet, kursiert das Gerücht, Goethe werde nach seiner Zeit in Italien nicht den Weimarer Hof, sondern den in Gotha wählen. Ist der Brief aus Neapel Auslöser dafür? Gibt es andere Indizien? Zum Beispiel eine Äußerung von 1781, wo er über *öffentliche Gleichgültigkeit der unsrigen gegen mich* klagt und schreibt: *Die Gunst die man mir in Gotha gönnt macht viel Aufsehn, es ist mir lieb um meinetwillen und um der guten Sache willen. Es ist auch billich daß ich durch einen Hof wieder erhalte, was ich durch einen Hof verlohren habe.*

Ein Gegeneinanderausspielen? Ist Goethes Anbieten

seiner Dienste an beide Fürstenhöfe im Brief aus Neapel möglicherweise eine diplomatische Geste? Noch weiß er nicht, wie sein Herzog seine wortlose Abreise aufnehmen wird. Zwei Monate ist man in Weimar ohne Nachricht, wo er sich befindet. In ganz Deutschland spricht man von seinem geheimnisvollen Verschwinden.

Ob sein Wort an Carl August, die Regierungsgeschäfte seien in guten Händen, alles gehe weiter ohne ihn, *ich dürfte sterben und es würde keinen Ruck tuen*, toleriert wird? Ob der Herzog für die konstatierte Lebenskrise, das Geständnis, die *Verzweiflung* habe ihn nach Italien getrieben, die Klage: *daß ich in den ersten zehn Jahren meines weimarischen Dienst- und Hoflebens so gut wie nichts gemacht habe* ... empfänglich ist? Vor allem aber, ob Carl August ihm, der eigenmächtig und einseitig sein Dienstverhältnis aufgekündigt hat, sein Gehalt weiter zahlen wird?

Alles offene Fragen. Zugleich ist sich Goethe der Notwendigkeit bewußt – sein Lebensstil ist anspruchsvoll –, daß er aus finanziellen Erwägungen im Dienste eines Fürsten bleiben muß. Aber er wünscht, die Bedingungen dieser Abhängigkeit radikal zu seinen Gunsten zu verändern. Ein schwieriges Unterfangen.

Ist es da nicht gut, zwei Eisen im Feuer zu haben? Zumal für Carl August die vielfältigen Gunstbeweise des Nachbarhofes für seinen Favoriten auf der Hand liegen, die eine Abwerbung denkbar erscheinen lassen. Goethe ist ein Taktiker; unter dem strategischen Gesichtspunkt, die bestmöglichen Bedingungen seiner

Rückkehr auszuhandeln, ist wohl seine Liebeserklärung *an alle Freunde in Weimar und Gotha* aus Neapel unmittelbar vor seiner Einschiffung nach Sizilien zu sehen.

Stellen wir uns vor, Goethe wäre nach seiner Rückkehr aus Italien tatsächlich an den Gothaer Fürstenhof gewechselt. Er hätte mit Ernst II. vom Herrscherhaus Sachsen-Gotha-Altenburg einen Fürsten vorgefunden, der sein Land im Sinne der Aufklärung regiert. 1772, im Alter von siebenundzwanzig Jahren an die Macht gekommen, sorgt Ernst II. nach dem Siebenjährigen Krieg für den Wiederaufbau in Stadt und Land, fördert Handwerk und Handel. Er ist kunstinteressiert, erweitert die im Schloß Friedenstein vorhandene Gemäldesammlung und die Schätze der Kunstkammer. Er ist dem Theater zugetan; in seiner Herrschaftszeit formiert sich 1775 in Gotha das erste ortsfeste Schauspielensemble Deutschlands unter Conrad Ekhof.

Der Wissenschaft ist Ernst II. ebenso zugetan, vor allem der Sternenkunde. In den Jahren von 1787 bis 1791 läßt er auf dem Seeberg ein Observatorium errichten, 1798 wird es zum Tagungsort des ersten internationalen Astronomenkongresses. Gegen Ende des 18. Jahrhunderts bekommt die Stadt den Ruf eines Wissenschaftsstandortes von europäischem Rang. Das verdankt Gotha auch seinen bedeutenden Verlagen. So erscheint bereits seit 1763 der »Almanach de Gotha«, der »Gotha«, ein genealogisches Adelsverzeichnis, das den Namen der thüringischen Stadt in die ganze Welt trägt. Der Buchhändler und Verleger Carl Ettinger ist sein Herausgeber. Ein weiterer Verleger, Justus Perthes, wird die Stadt zu einem Zentrum der Kartographie machen.

Ende des 18. Jahrhunderts verändert sich Gotha auch äußerlich zu seinem Vorteil. Die militärisch nutzlos gewordene gewaltige Befestigungsanlage um das Schloß wird zugeschüttet; es entsteht neben der schon 1747 geschaffenen barocken Orangerie – zeitgleich etwa mit dem Wörlitzer Park in Dessau – ein ausgedehnter schöner Park im englischen Stil.

Das hoch über der Stadt gelegene, weithin sichtbare barocke Schloß Friedenstein bekommt mit dem Pagenhaus an der Ost- und dem Wachhaus an der Westseite klassizistische Anbauten. 1789 werden die vier Rampenauffahrten zum Schloß geschaffen. Auf den bereits von Friedrich III., dem Vater von Ernst II., niedergerissenen Wällen sind Alleen mit schattenspendenden Bäumen entstanden, die die Besucher von einer *Gartenstadt* sprechen lassen. Gotha mit seinen 10 000 Einwohnern ist die zweitgrößte Stadt Thüringens, und vielfach wird sie von Gästen als schönste Stadt der thüringischen Lande bezeichnet.

Goethe also in Gotha. Herzog Ernst II. hätte ihm ein repräsentatives Haus am Unteren oder Oberen Markt, vielleicht neben dem Cranach-Haus oder eines am Schloßberg geschenkt. Die fast fünfzig Lebensjahre, die noch vor Goethe liegen, hätte er nicht in Weimar, sondern in Gotha verbracht. Hätte andere große Geister, Johann Gottfried Herder oder Friedrich Schiller möglicherweise in die Stadt gezogen, hätte das barokke Theater auf Schloß Friedenstein zur Blüte geführt, hätte sich in alles, was Architektur und Kultur der Stadt betrifft, eingemischt, wie es seine Art war.

Aber nicht der Phantasie wollen wir Raum geben, sondern den Tatsachen. Daß Goethe nach Weimar zurückkehrt, sein *Fasanenschiff ... recht stattlich geladen ...* dort, und nicht in Gotha, anlandet, liegt am Weitblick und an der Großzügigkeit Herzog Carl Augusts. Er befreit seinen Favoriten von allen Dienstgeschäften, gewährt ihm Urlaub in Italien bei laufenden Bezügen, zunächst bis Frühjahr 1787, verlängert ihn dann bis Sommer 1788. Er erhöht sogar Goethes Gehalt von 1600 auf 1800 Taler. Zahlt ihm überdies noch einen namhaften Reisekostenzuschuß aus der herzoglichen Schatulle. Und – erstaunlich – er erfüllt alle Bedingungen, die Goethe für seine Rückkehr gestellt hat. *Mein Verhältniß zu den Geschäften*, beschwört dieser seinen Fürsten, *ist aus meinem persönlichen zu Ihnen entstanden, laßen Sie nun ein neu Verhältniß zu Ihnen nach so manchen Jahren, aus dem bisherigen Geschäfts-Verhältniß entstehn. Ich bin zu allem und jedem bereit, wo und wie Sie mich brauchen wollen.* Als *Künstler und Gast* sieht er sich künftig in Weimar, das teilt er seinem Mäzen unmißverständlich mit.

Ob der Gothaer Hof jemals mit dem Gedanken gespielt hat, Goethe ganz für sich zu gewinnen, bleibt dahingestellt. Daß er aber ein gern gesehener und umworbener Gast und Gesprächspartner war, ist durch Goethes vielfache Aufenthalte in Gotha belegt. Davon will ich im folgenden erzählen.

I

Zweimal hat Goethe die Stadt auf der Vorbeifahrt tangiert: im Herbst 1765, als Sechzehnjähriger, auf seinem Weg zur Universität Leipzig. Zehn Jahre später wieder, im November 1775, als er, eingeladen vom jungen Weimarer Regenten Carl August, einer für ihn verführerischen Zukunft entgegenfährt.

Dazwischen, am 29. August 1768, auf der Rückreise von Leipzig, macht er erstmals halt in Gotha. Einen Tag zuvor hat er seinen neunzehnten Geburtstag gefeiert. Ins Stammbuch eines Kommilitonen schreibt er am Vorabend: *Was untern Monde liegt ist eitel / Sprach Salomo und Phanias. Und Goethe spricht heut' Abend eben das. – Leipzig am Abende vor dem 28. August dem Tage seiner Reise.* Er ist geschwächt, hatte einen Blutsturz, der der Auftakt zu einer langen schweren Krankheit ist. Der Student, der die Universität verläßt, fühlt sich als *Schiffbrüchiger.*

Die erste Übernachtung in Naumburg, am Morgen des 29. der Aufbruch. Er reist mit dem bequemen Wagen eines *Hauderers*, eines Mietkutschers, begleitet von Johann Christian Jung, einem Modelltischler aus der Leipziger Zeichenschule von Oeser. Über Buttelstedt, Neumark, Erfurt nach Gotha; *in Gotha, wo wir uns das Schloß zeigen ließen.*

Es kann nur ein Aufenthalt von Stunden gewesen

sein; immerhin, er steht *in dem großen mit Stukkaturbildern verzierten Saale*. Und sich erinnernd heißt es in »Dichtung und Wahrheit«, daß er zu diesem Zeitpunkt noch keine Vorstellung davon hatte, *daß mir an eben der Stelle so viel Gnädiges und Liebes widerfahren sollte* ... Mit dem *verzierten Saale* ist das ab 1683 durch Giovanni Caroveri und die Brüder Rust ausgestattete und noch heute vorhandene barock überladene Tafelgemach des Schlosses Friedenstein gemeint.

Noch am selben Abend reist Goethe in Richtung Frankfurt am Main weiter.

Im Juni 1773 kommt es zu einem Briefkontakt mit Gotha. Der Adressat ist Friedrich Wilhelm Gotter, den Goethe aus seiner Wetzlarer Zeit kennt; *war es mir höchst lieb, Gottern gefunden zu haben, der sich mit aufrichtiger Neigung an mich schloss und dem ich ein herzliches Wohlwollen erwiderte*, erinnert er sich. Gotter, Mitbegründer des »Göttinger Musenalmanachs«, brilliert als Opernlibrettist, Stückeschreiber, Lyriker und Übersetzer. Er schafft mit dem Gothaer Hofkomponisten Georg Benda Singspiele und Melodramen, die die Kassen füllen: »Medea« wird ihrer grausamen Züge beraubt, »Romeo und Julia« erhält einen versöhnlichen Schluß. Kaum ein originärer Kopf, bedient Gotter, ausgestattet mit Formgefühl und handwerklichem Geschick, den Zeitgeschmack, er wird zum Modeschriftsteller, zum meistvertonten Textautor des Musiktheaters seiner Zeit.

Goethe weiß ihn seit 1773 wieder in seiner Heimatstadt Gotha. Dort betreibt er mit Bürgerlichen eine kleine Liebhaberbühne, zuweilen öffnet ihm der Herzog auch die Hofbühne im Schloß. Goethe hat gerade auf eigene Kosten anonym und ohne Angabe des Druckortes sein Schauspiel »Götz von Berlichingen mit der eisernen Hand« publiziert. Er sendet es, zusammen mit einem Briefgedicht, verfaßt in Knittelversen, nach Gotha: *An Friedrich Wilhelm Gotter, mit einem Exemplar des Götz von Berlichingen.*

Schicke Dir hier den alten Götzen,
Magst ihn zu deinen Heil'gen setzen
Oder magst ihn in die Zahl
Der Ungeblätterten stellen zumal.
Hab's geschrieben in guter Zeit,
...

Er spielt auf Gotters Theatererfahrungen an:

Magst, wie ich höre, dann allda
Agieren, tragieren Komödia
Vor Stadt und Land und Hof und Herrn,
Die säh'n das Schattenspiel wohl gern.
So such dir denn in deinem Haus
Einen rechten tüchtigen Bengel aus
Und gib ihm die Roll' von meinem Götz,
In Panzer, Blechhaub' und Geschwätz.
...

Zum Schluß empfiehlt er dem Freund:

Mußt alle garst'gen Worte lindern,
Aus Scheißkerl Schurken, aus Arsch mach Hintern,
Und gleich' das Alles so fortan,
Wie du's wohl ehmals schon getan.

Mit dem Hinweis auf das vom französischen Geschmack geprägte Gothaer Publikum, bei dem das wilde Sturm-und-Drang-Stück kaum eine Chance habe, lehnt Gotter ab. Er antwortet ebenfalls in Form einer Versepistel:

Das Weibsvolk hier ganz störrisch ist,
Weil's Tag und Nacht französisch liest.
Das Mannsvolk in Paris gewest,
Nur das Theatrum hält für best,
Wo alles züchtiglich geschieht
Und alles in Sentenzen spricht.
Drum lass Dir nur die Lust vergehn,
Bei ihnen in der Gnad' zu stehn.

Dann schließt er mit den Zeilen:

Schick' mir dafür den Doctor Faust
Sobald Dein Kopf ihn ausgebraust.

In Gesprächen der beiden in der Wetzlarer Zeit muß Goethe ihm von seinen Plänen oder Entwürfen zu einem »Faust« erzählt haben. (Gotters Bemerkung ist der früheste eindeutige Hinweis auf die Arbeit des Dichters an diesem Stoff.)

Keine Uraufführung des »Götz« also in Gotha.

Jahre später, als Conrad Ekhof unter Ernst II. das Schauspielensemble leitet und die Augen der Theaterwelt sich auf Gotha richten, wird Gotter seine persönlichen Bekanntschaften zu Stürmern und Drängern nutzen. Stücke von Johann Anton Leisewitz und Johann Karl Wezel kommen in Gotha auf die Bühne, beide Autoren halten sich, beherbergt von Gotter, längere Zeit in der Stadt auf. Auch Jakob Michael Reinhold Lenz schickt sein Drama »Die Algierer«. Von *meine⟨r⟩ Reise nach Gotha* ist die Rede; *wären doch alle Oerter in der Welt so nah beyeinander als in Shakespeares Stükken! Lion, Strasburg, Gotha – ich denk', ich erwarte sie alle* … Gotter lobt »Die Algierer«, sieht Ekhof schon in der Hauptrolle: *Mich dünkt ich höre schon Ekhof Alonso.*

Aber Lenz hat kein Glück, eine Aufführung kommt nicht zustande. Goethes »Götz« hingegen bringt die Koch'sche Truppe am 12. April 1774 in Berlin auf die Bühne. Und in Gotha wird sein »Clavigo« gespielt; die erste Vorstellung am 16. März 1776 hat 115 Zuschauer, die zweite am 19. März zählt 48 Besucher.

Zu diesem Zeitpunkt ist Goethe schon weithin bekannt. Zur Herbstmesse 1774 erscheint, ebenfalls anonym, bei Weygand in Leipzig sein Roman »Die Leiden des jungen Werthers«; das Buch wird ein beispielloser Erfolg. Am 11. und 12. Dezember besuchen die Weimarer Prinzen Carl August und Constantin auf ihrer Reise nach Paris den berühmten Autor in Frankfurt am Main. Dann die Einladung des Dichters. Im Herbst 1775, zu seinem 18. Geburtstag, übernimmt Prinz Carl August aus den Händen seiner Mutter Herzogin Anna Amalia die Herrschaft über das Herzogtum Sachsen-Weimar-Eisenach.

Und am 7. November 1775 – Gotha ohne Halt durcheilend – Goethes Ankunft in der kleinen thüringischen Stadt an der Ilm.

2

Zu Weihnachten reisen Herzog und Herzogin mit ihrem Gefolge ins nachbarliche Gotha. Goethe reitet am 23. Dezember mit den Hofleuten Einsiedel, Kalb und Bertuch zum Forsthaus Waldeck bei Bürgel. Am Heiligen Abend schreibt er von dort an seinen fürstlichen Freund: *Der herrliche Morgenstern den ich mir von nun an zum Wapen nehme, steht hoch am Himmel ... Die Kirche geht an, in die wir nicht gehen werden, aber den Pfarrer lass ich fragen ob er die Odyssee nicht hat ... denn unmöglich ist die zu entbehren hier in der homerisch einfachen Welt.*

Ein Bote muß diesen Brief nach Gotha gebracht haben, denn bereits am ersten Weihnachtstag antwortet Carl August: *Ich habe deinen Brief erhalten, er freut mich unendlich.* Dann wünscht er sich nach Waldeck, *um die liebe Sonne ... auf- und untergehen zu sehen und das zwar mit Dir. Ich sehe sie hier alle Tage, aber das Schloß ist so hoch und in einer so unangenehmen Ebene, von so vielen dienstbaren Geistern erfüllt ... daß mir ganz schwindlig wird ... Mache doch, daß du hier her kommst, die Leute sind gar neugierig auf Dich.*

Goethe bricht umgehend auf. 27. Dezember: *Über Weimar und Erfurt nach Gotha.* Friedrich Wilhelm Gotter berichtet Lenz nach Straßburg: *Er kam nach Mitternacht auf der Redoute an.* Im Gasthof »Zum

Mohren« findet diese statt, der Gothaische Hof und die Weimarer Gäste wohnen ihr bei. Der späte Ankömmling, der im »Mohren« auch sein Nachtquartier findet, wird kaum mehr Gelegenheit haben, den Herrschaften vorgestellt zu werden.

Am 28. Dezember aber geschieht es; das Gothaer Fourierbuch vermerkt, daß an diesem Tag *der Dr. Goethe Serenissimo durch den Kammerjunker v. Wedel präsentirt worden* sei. Nicht durch Carl August? Goethe erhält auch keine Einladung zur Fürstlichen Tafel, lediglich eine zur Marschalltafel. Um fünf Uhr am Nachmittag besucht er im Schloßtheater eine Vorstellung. Auf dem Programm stehen Georg Bendas »Ariadne auf Naxos« und Louis-Sébastian Merciers »Essigkrämer«. Goethe erlebt den großen Ekhof als Dominique in der Hauptrolle von Merciers Stück.

Laut Fourierbuch *beurlaubte* er sich *im Laufe des Abends*. Am 29. Dezember reist er mit der Weimarischen Herrschaft und deren Gefolge zurück.

Goethe, so Gotter an Lenz, habe den *ihm eignen vertraulichen, nachläßigen hingeworfnen Ton überall eingeführt*, er spiele *den Günstling in bester Form und Ordnung*, und, enttäuscht von dem einstigen Freund aus der Wetzlarer Zeit: *ich habe ihn in allem kaum eine Viertelstunde gesprochen*. Seinen Unmut darüber, vielleicht gepaart mit ein wenig Neid, vertraut er dem Bruder des Herzogs, dem Prinzen August, an. Dieser erwidert mit einem Vers: *Die Kräfte sind in dir, wie kannst Du sie verkennen? Zuviel Bescheidenheit schreckt Deinen sanften Geist* … Dann fällt er ein Urteil über den

Besucher vom Nachbarhof: *Und Stolz und Mißgeschick macht Goethe wild und dreist.*

Daß diese Äußerung des Prinzen August für den Eindruck steht, den Goethe bei seinem ersten Hofbesuch in Gotha hinterlassen hat, ist kaum vorstellbar. Aber die Neugier – *die Leute sind gar neugierig auf Dich* –, mit der ihn Carl August im Dezember 1775 nach Gotha gelockt hat, scheint schnell befriedigt und das Interesse an seiner Person nicht allzugroß gewesen zu sein, denn viel Zeit, annähernd vier Jahre, vergehen, bis der Fürst ihn erneut einlädt.

Später sieht Goethe seinen ersten Auftritt am Gothaer Hof kritisch. Von *Effeckten*, die seine *Existenz machen* müsse, die er nicht richtig eingeschätzt habe, von *anmasliche⟨m⟩*, von beleidigten *Schicklichkeiten* ist die Rede. Spielt er auf seine Berühmtheit an, die ihn vorwitzig werden läßt, auf seinen – wie Gotter formuliert – *nachläßigen hingeworfnen Ton*? Auf die Hofetikette, die ungewohnten Anforderungen, denen ein Bürgerlicher in Adelskreisen ausgesetzt ist?

Immerhin ist er kaum zwei Monate in Weimar, seit seiner Ankunft seien *niedere pöbelhafte Ausdrücke* zu hören, mokiert sich die Hofdame Charlotte von Stein, die ihr Erziehungswerk an dem jungen Dichter noch nicht begonnen hat.

Selbst für den achtzehnjährigen Carl August, seit einem Vierteljahr Regent – vermutlich ist die Gotha-Reise sein Antrittsbesuch bei Ernst II. –, scheint einiges in Gotha gewöhnungsbedürftig. Während er nach Brand und Zerstörung seines Schlosses notdürftig und ohne großen Komfort im Landschaftshaus residiert, zudem kaum Wert auf höfisches Zeremoniell legt, im Gegenteil es verachtet, sieht er sich in Gotha einer großzügigen und reibungslos funktionierenden Hofhaltung gegenüber; *von so vielen dienstbaren Geistern* wird ihm *ganz schwindlig*. Sogar die Lage des Schlosses mißfällt ihm. Es liege *so hoch und in einer so unangenehmen Ebene ...*

Erbaut hat das Schloß, noch heute Wahrzeichen der Stadt, Herzog Ernst der Fromme. Er gilt als wirkungsmächtigste Persönlichkeit Thüringens im 17. Jahrhundert. Die ungewöhnlich weiträumige dreiflüglige barocke Anlage mit dem der Stadt zugewandten Corps de logis und den beiden massiven Türmen ist der erste Schloßbau nach Beendigung des Dreißigjährigen Krieges in Thüringen und wird Vorbild für weitere Schlösser, unter anderem in Weimar, Zeitz und Weißenfels.

Am 26. Oktober 1643, als in Münster und Osnabrück die Friedensverhandlungen beginnen, wird auf den Resten der zerstörten Festung Grimmenstein der Grundstein gelegt. 1650 läßt Ernst der Fromme auf einer Kartusche über dem Hauptportal die Figuren von *Frieden* und *Gerechtigkeit* anbringen. *Friede Ernehret, Unfriede Verzehret*, dem 85. Psalm entnommen, ist als Umschrift zu lesen. Auch der Name des Schlosses: *Friedenstein*, ist Programm. Die Göße des Gebäudes hängt mit der Idee des Regenten zusammen, nach dem Vorbild von Johann Valentin Andreaes Utopie »Reipublicae Christianopolitanae descriptio« etwas zu schaffen, das das Staatsganze in geschlossener Form repräsentiert. Auf dem Friedenstein vereinigt Ernst alles für sein patrimoniales Regime Benötigte: herzogliche Wohn- und Repräsentationsräume, Kirche, Verwaltung der Landeskollegien. Das im Schloß befindliche Archiv weist es als juristischen Mittelpunkt aus, durch Bibliothek und Kunstkammer im Westturm wird es zum geistig-kulturellen Ort, als wirtschaftliches Zentrum ist die Münze zu sehen; Marstall sowie Schmiede und Zeughaus stehen für die Landesverteidigung.

Das alles ist über Generationen dem nunmehrigen jungen Regenten überkommen. Wem sieht Goethe sich, als er im Dezember 1775 durch den *Kammerjunker v. Wedel präsentirt* wird, gegenüber? Ernst II. ist zu diesem Zeitpunkt dreißig Jahre alt, hat bereits über drei Jahre Regierungserfahrung.

Von 1771 ist ein Porträtmedaillon überliefert, in Form, Farbe und Stil nach dem Vorbild antiker Münzen gearbeitet. Es zeigt den Prinzen wie auf einem antiken Herrscherporträt in Profilansicht, seine natürlichen kurzen Haare werden von einem nur großen Persönlichkeiten oder Gottheiten zustehenden *Band der Unsterblichkeit* eingefaßt.

Geschaffen hat dieses Medaillon der französische Bildhauer Jean-Antoine Houdon, der 1771 und 1773 jeweils mehrere Wochen in Gotha weilt. Grund seiner Aufenthalte: ein Grabmonument für die 1767 verstorbene Herzogin Luise Dorothee, die Mutter Ernsts II., soll geschaffen werden. Als 1772 auch Friedrich III., der Vater und Gatte, stirbt, erweitert sich der Auftrag, ein Monument für beide ist im Gespräch. Es wird, obgleich verschiedene Entwürfe existieren, nie realisiert werden.

Die Gotha-Aufenthalte Houdons aber führen zu freundschaftlichen Verbindungen zu dem Bildhauer, lebenslang steht man in Briefwechsel, man erwirbt Arbeiten von ihm. Gotha besitzt nach Paris die umfassendste Sammlung von Houdons Frühwerk. Im Gegensatz zu Carl August fühlt er sich wohl in der Stadt, ist entzückt vom Friedenstein: *Ich werde nie das Schloss in Gotha vergessen, von wo ich einen großen Teil des Himmels und der Erde entdeckte* ..., schreibt er. Das Medaillon und weitere von ihm geschaffene Arbeiten stellt der Bildhauer 1773 im Pariser Salon aus.

Ein Ölgemälde, dem Gothaer Hofmaler Johann Jonas Michael zugeschrieben, zeigt Ernst II. im Jahr der Begegnung mit Goethe. Der Herzog trägt einen blauen Offiziersrock mit reicher Goldstickerei, ein rostroter, hermelingefütterter Mantel umfängt ihn. Herrschaftlicher Mantel, Perücke und Zopf machen es zu einem offiziösen, repräsentativen Bild.

Weder dieses Gemälde noch das Reliefmedaillon bringen uns Ernst II. nah. Aus späterer Zeit ist ein eher intimes Porträt von einem unbekannten Meister überliefert; ohne alle Herrschaftsinsignien, bekleidet mit der gothaischen Uniform, die auch seine Staatsdiener tragen, läßt sich Ernst II. darstellen. Diese Unauffälligkeit und Bescheidenheit wird dem Fürsten von vielen

Zeitzeugen zugesprochen. Seine Gesichtszüge auf dem späten Porträt sind keineswegs markant, eher durchschnittlich, aber vertrauenerweckend und sympathisch. Wie Goethe ihn in den wenigen Minuten, in denen er ihm im Dezember 1775 vorgestellt wird, erlebt hat, wissen wir nicht.

Im Januar 1778 hat er das große Glück, nochmals Conrad Ekhof zu begegnen, mit ihm zusammen sogar auf den Brettern von Anna Amalias Liebhaberbühne in Tiefurt zu stehen. 7. Januar, Goethes Tagebuch: *Zu Anna Amalia wo Conzert war. Ekhof war angekommen.* 10. Januar: *zu Wieland. Zu Ekhof.* Am 11. lädt er den Schauspieler zu sich ein. Er notiert: *Ekhof as mit mir. Erzählte die Geschichte seines Lebens.* Mit Wein aus dem elterlichen Keller in Frankfurt bewirtet Goethe ihn. Wir wissen es von seinem Diener Philipp Seidel; am 11. Januar schreibt dieser an Goethes Mutter: *Er hat den alten Ekhof zu Gaste gehabt und mit dem alten Wein regaliert, und da hat sich gefunden, daß er bis auf einige Schoppen zu Ende ist.*

Am 13. Januar dann die Aufführung von Cumberlands »Der Westindier«. Goethe spielt den Titelhelden Belcour, Ekhof dessen Vater. Das Tagebuch vermerkt: *früh in Tiefurt gewesen ... Westindier gespielt.* Seidel berichtet nach Frankfurt: *Goethe in einem weißen Frack, blauseiden West und Beinkleider ... mit falschen silbernen Tressen und hübsch rot geschminkt ... Der alte Ekhof war eben der Vater des schönen Belcour.*

Ein letztes Zusammensein: *Abends as Ekhof mit uns*

bey Carl August. Goethes Bewunderung für Ekhof ist groß, er wird ihn *den einzigen Tragöden Deutschlands* nennen, in »Dichtung und Wahrheit« davon sprechen, daß er durch seine *edle Persönlichkeit dem Schauspielerstand eine gewisse Würde mitteilte.* 1791, als er die neue Weimarer Spielstätte eröffnet, bezieht er sich auf den großen Mimen: Dieser habe mit seinem Ensemblespiel für die moderne Schauspielkunst eine wichtige Grundlage geschaffen.

Man stelle sich vor, der in Theatersachen noch unerfahrene junge Goethe und der lebenskluge, reife Ekhof, der Vater der deutschen Schauspielkunst, hätten des längeren miteinander arbeiten können …

Eine reale Chance dazu gab es. Vor Gotha ist die Seylersche Truppe mit Ekhof in Weimar engagiert. Als dort am 6. Mai 1774 das Schloß brennt, das Feuer die Spielstätte vernichtet, bietet der Gothaer Herzog den Komödianten Asyl.

Ekhof, der beide Höfe schätzt, spricht in einem Brief vom 31. Juli 1774 an die Weimarer Regentin Anna Amalia von *eine⟨r⟩ Idee wegen des Künftigen.* Wenig später, am 7. August, skizziert er sie. *Mein Gedanke war*, schreibt er, *wenn bey dem guten Einvernehmen, worin beyde Höfe stehen, es thunlich und annehmlich wäre, daß beyde vereinbaret sich eine Gesellschaft zu errichten; sie gemeinschaftlich salarirten … Die Vorteile wären, daß jedem Hofe in der Ausgabe jährlich nur die Hälfte der Unterhaltung zufiele …*

Eine Antwort von Anna Amalia ist nicht überliefert. Ihre Herrschaft neigt sich dem Ende zu, möglicherweise will sie eine so weitreichende Entscheidung dem künftigen Regenten, ihrem Sohn, überlassen. Am 18. September 1775 übernimmt Carl August die Regierung. Er greift Ekhofs Vorschlag nicht auf. Dieser erneuert ihn vielleicht auch nicht. Sein sich verschlechternder Gesundheitszustand lähmt ihn. Nach seinem Auftritt in Weimar steht er im Februar in Gotha in Shakespeares »Hamlet« ein letztes Mal auf der Bühne. Am 10. April bittet er Ernst II. um einen Genesungsurlaub von drei Monaten. Am 16. Juni 1778 stirbt er im Alter von siebenundfünfzig Jahren.

Nach seinem Tod sinkt das künstlerische Niveau der Truppe. Der Herzog ist unzufrieden, kündigt die Schließung der Bühne an. Jährlich stellt er eine Summe von 9500 Talern für das Theater zur Verfügung. Ekhof hat für jeden Schauspieler Verträge verhandelt, auch – ein Novum in Deutschland – eine Sterbekasse geschaffen.

Eine Bittschrift der Komödianten: *Wir würden die gerechten Vorwürfe unserer Sämptlichen Mitbrüder auf uns laden*, heißt es da, *wenn wir nicht alles aufböten … um den Untergang eines Werks zu verhindern auf das jeder Patriot die Augen hat.* Und weiter schmeichelnd: *In den Jahrbüchern der Deutschen, Durchlauchtigster Herzog, steht Ihr Name unter der kleinen Zahl der Fürsten eingezeichnet, die sich deutscher Schauspiel-Kunst, deutsches Talents annahmen; steht Ihr Vorsaz uns zu schüzzen, aufrecht zu erhalten, und eine ruhige Zukunft zu gewähren, auch den abgelebten, den Unvermögenden unter uns nicht zu verstoßen; und Sie könnten ihn widerrufen, diesen edlen, wohlthätigen, Ihres Herzens so würdigen Vorsaz?*

Ernst II. bleibt bei seiner Entscheidung. Mit dem Ende der vierten Spielzeit, im Oktober 1779, wird das Theater geschlossen. *Schwerlich bekommen es Schauspieler je wieder so gut, wie sie es in Gotha gehabt,* schreibt eine der Actricen. *Dreimal wurde nur in der Woche gespielt. Wenig zu studieren; denn oft wurde ein Stück, das gefiel, wiederholt! Zu den Proben, wie zur Komödie wurden wir gefahren. Im Winter das warme Theater ohne Zugluft! Die prächtige Garderobe, in der alles, alles war bis auf die geringste Kleinigkeit eines Fächers! Denn alles, was die gnädigste Herzogin ablegten, kam in die Garderobe. Die Achtung, mit welcher jedem begegnet wurde! ... Dann die großen, ansehnlichen Präsente, die die Schauspieler bekommen haben! Und doch, doch konnten sie nicht zufrieden sein, machten so viel Verdruß dem Herrn, daß er es überdrüssig werden mußte.*

Für wenige Jahre nur sind die Augen der deutschen Theaterwelt auf Gotha gerichtet. Fünfzehn Monate nach Ekhofs Tod verwirkt es die thüringische Stadt, eine Rolle auf dem Weg zum Deutschen Nationaltheater zu spielen.

Andere Orte profitieren vom Niedergang der Gothaer Bühne. In der »Geschichte der classischen Zeit von Mannheim« ist zu lesen: *Allerdings war die Auflösung der Gothaischen Hofbühne das glücklichste Ereigniß, das für die Mannheimer Wünsche und Pläne sich hätte zutragen können. Hier bot sich auf einmal eine ganze Gesellschaft nicht allein achtenswerther Künstler, aus Ekhofs Schule hervorgegangen, sondern auch an einander und an eine gewisse Disciplin gewöhnter Persönlichkeiten ... Ohne den Zug, welchen Hr. von Dalberg aus dem Loostopf der dramatischen Kunst gethan und der ihm die Gothaischen Hoftheatermitglieder zuführte, möchte die Mannheimer Bühne wohl schwerlich ihre Bedeutung jemals erlangt haben.*

Es sind August Wilhelm Iffland, Heinrich Beck und Johann David Beil, die an das 1779 eröffnete Mannheimer Theater gehen. Alle drei sind Schüler Conrad Ekhofs, haben in Gotha debütiert. Wenig später, am 13. Januar 1782, tragen sie zum triumphalen Erfolg von Friedrich Schillers »Die Räuber« bei. Iffland in der Rolle des Franz Moor, Beil in der Schweizers und Beck als Kosinsky. Hätte Ekhof noch einige Jahre länger gelebt, hätte die Uraufführung der »Räuber« möglicherweise in Gotha, und, wäre sein Plan der Fusion der Theaterhäuser der benachbarten Fürstentümer realisiert worden, auch in Weimar stattgefunden.

3

Ende März 1779 kommt es nach langer Pause zu einer erneuten Begegnung Goethes mit dem Gothaer Herzog. Der Ort ist Weimar, das Gartenhaus des Dichters im Park an der Ilm. Goethe notiert: *Abends der Herzog von Gotha im Garten.*

Wiederum vergeht ein Jahr. Dann endlich eine Einladung nach Gotha. Vom 13. bis 16. Februar 1780 ist Goethe mit Carl August und Herrn von Wedel Gast bei Ernst II. Nun logiert er nicht mehr im »Mohren«, sondern auf Schloß Friedenstein. Das Fourierbuch vermerkt: *Goethe auf der Stein Gallerie in Numero 5 und 6*. Bei diesem Besuch gibt es offenkundig eine Annäherung, die die freundschaftlichen Bindungen der nächsten Jahre einleitet. Am 16. Februar der resümierende Eintrag: *Gotha ... waren recht gut da, mit vieler wechselseitiger aisance und bonhomie. Kam mancherley interessantes vor ... Versprach auf Früh Jahr wiederzukommen.*

Eines der Gespräche muß sich um den im Dreißigjährigen Krieg unter Gustav Adolf siegreichen Herzog Bernhard gedreht haben; denn Ernst II. bekundet sein Interesse an einer Biographie. Bereits am 28. Februar bedankt sich Goethe. *Die funfzehn Bände Herzoglich Bernhard'scher Papiere habe ich vorigen Freitage erhalten ... ich wünschte ... dem Hause Sachsen, dem ich mich gewidmet habe, in einem seiner größten Männer meine Verehrung bezeugen zu können, ob ich gleich mir nicht mehr zutraue, als daß vielleicht meine Bemühung einen Andern … aufweckt und reizt.* Diplomatisches Abwiegeln?

Dennoch beschäftigt ihn die Sache. Am 5. Juni heißt es an Lavater: *Ich scharre nach meiner Art Vorrath zu einer Lebensgeschichte dieses als Helden und Herrschers wirklich sehr merkwürdigen Mannes, der in seiner kurzen Laufbahn ein Liebling des Schicksaals und der Menschen gewesen ist, zusammen und erwarte die Zeit wo mirs vielleicht glüken wird, ein Feuerwerk draus zu machen. Seine Jahre fallen, wie du wahrscheinlich nicht weisst, in den dreissig-Jährigen Krieg. Sein und seiner Brüder Familien-Gemählde interessirt mich noch am meisten da ich ihren Urenkeln, in denen so manche Züge leibhaftig wieder kommen, so nahe bin.* Erstmals hier das Bekenntnis der persönlichen Nähe zum Gothaer Hof.

Aber das Projekt kommt über Vorarbeiten nicht hinaus, es wird Goethe nicht *glücken … ein Feuerwerk draus zu machen.* In den »Tages- und Jahresheften« resümiert er, er habe *manche Zeit und Mühe auf den Vorsatz: das Leben Herzog Bernhards zu schreiben vergebens aufgewendet. Nach vielfachen Sammeln und mehrmaligen Schematisiren der Ereignisse war zuletzt allzuklar, daß die Ereignisse des Helden kein Bild machen.*

Im Juni 1780 das im Winter versprochene Wiederkommen. Von Großkochberg, dem Landgut Frau von Steins, reitet Goethe am 5. Juni nach Gotha. Am Abend schreibt er Charlotte: *Man hat mir am Thor gesagt dass ein Quartier im Mohren für mich bestellt sey. Wo ich auch eingezogen bin* ... In den folgenden Tagen speist er an der *Fürstlichen Tafel*: das Herzogspaar, Prinz August, Friedrich Wilhelm Gotter, Minister Frankenberg, der Physiker Ludwig Christian Lichtenberg – Bruder des Göttinger Philosophen – sind zugegen. Am 9. Juni vermerkt das Fourierbuch: *Abends ... haben sich der Geheim Rat Goethe* beurlaubt. Am 10. ist er wieder in Weimar. Im Tagebuch die Notiz: *In Gotha ... hatte reine Verhältnisse mit allen.* Und an Knebel: *Ich hatte indessen meinen Gothaer Besuch abgelegt und bin zufrieden von ihnen und sie hoff' ich von mir, nach fünf Tagen mancherley Unterhaltung geschieden.*

Wochen später ist Ernst II. Gast Carl Augusts. Am 13. Juli begleitet Goethe die beiden nach Jena, sie werden von dem Anatomen Professor Justus Christian Loder empfangen, der ihnen verschiedene wissenschaftliche Einrichtungen zeigt, nach Loders Aussage *Accouchirhaus, Gewitterableiter, akademische Bibliothek.* Am Abend des 16. Juli liest Goethe aus seinem »Faust«. Carl August am Folgetag an Knebel: *Goethe las am Abend dem Herzog, seinem Bruder und mir auf meiner Stube den Faust vor. Es schlug doch ziemlich alles bei ihnen richtig an.*

Im Laufe von Goethes Begegnungen mit dem Gothaer Regenten im Februar, März, Juni oder Juli 1780 muß es ein Gespräch über Geologie gegeben haben. Bereits Anfang 1777 ist Goethe in die *Bergwercks-Commission* berufen worden, er beschäftigt sich mit der Wiedereröffnung der stillgelegten Ilmenauer Schachtanlagen. Im April 1780 wird ihm von Carl August die *Direction über alle Bergwercks-Angelegenheiten in Unseren sämtlichen Fürstlichen Landen* übertragen. Auch der Gothaer Herzog hat in Luisenthal ein Schmelz- und Hammerwerk geerbt, das sein Vater zur Eisengewinnung umbaute und 1753 auf den Namen seiner Mutter einweihte (erst 1865 wird es seinen Betrieb einstellen). Das könnte die Basis eines möglichen Gesprächs gewesen sein. Oder das wissenschaftlich-technische Interesse des Herzogs allgemein. Am 27. Dezember 1780 jedenfalls richtet Goethe ein hochoffizielles umfangreiches Schreiben an ihn, in dem er die Resultate seiner bisherigen geologischen Forschungen vorstellt. Von der Beschaffenheit der Gesteine, angefangen beim Ettersberg über Ilm- und Saaletal bis zur Gegend um Eisleben, von Gesteinsschichten im Harz, in der Rhön und im Thüringer Wald ist die Rede. *Vielleicht wird es*, schlußfolgert Goethe, *nach dieser Vorarbeit in wenigen Jahren möglich, den unterirdischen Zusammenhang des Harzes mit unserm Thüringerwalde auf das Wahrscheinlichste anzugeben, zu welcher fortzusetzenden Betrachtung mich der Anteil, den Ew. Durchl. an diesen Bemühungen nehmen, vorzüglich ermuntern wird.*

In dem Brief an Ernst II. findet sich – erstmals formuliert – ein wichtiger Grundgedanke von Goethes gesamter späterer naturwissenschaftlicher Arbeit. Er plädiert für den Verzicht auf spekulative Theorien, beruft sich, um in der Naturgeschichte Zusammenhänge und Gesetzmäßigkeiten zu erkennen, auf den *anschauende⟨n⟩ Begriff*, der *dem wissenschaftlichen unendlich vorzuziehen ist.*

Zur optischen Vergegenwärtigung liegt dem Brief ein handgefertigter geologischer Grundriß bei. Zudem sendet Goethe mit gleicher Post eine *Kiste* mit *Musterstückchen* von Gestein nach Gotha. Zum Schluß bittet er Ernst II. um Erlaubnis, seine mit dem *Bergverständigen* Voigt unternommenen geologischen Forschungen in Thüringen auch auf dessen Hoheitsgebiet ausdehnen zu dürfen.

Dann heißt es: *Wie Vieles und Merkwürdiges hätt' ich noch hinzuzufügen, das ich bis auf die Stunde verspare, wenn ich des Glücks, Ew. Durchl. untertänigst aufzuwarten, wieder teilhaftig werde … Ich empfehle mich zu fortdauernden Gnaden und unterzeichne mich mit aufrichtiger Verehrung Ew. Durchl. unterthänigster Goethe. Weimar, den 27. Dec. 1780.*

Eine unmittelbare Antwort ist nicht überliefert, aber von einer Zustimmung ist auszugehen. Dafür spricht auch, daß Ernst II. das Ilmenauer Bergwerk durch den Kauf von Aktien finanziell unterstützen wird. Im Sommer 1781 gibt es zudem von Goethe geleitete offizielle Verhandlungen *bezüglich der Mithilfe von Gotha und Kursachsen bei der Reaktivierung des Ilmenauer Bergwerk⟨s⟩*, unter anderem sind alte Rechte zu klären.

Der Gothaer Hof wird von Minister Frankenberg vertreten. In einem *Votum* vom 14. Juli teilt Goethe seinem Herzog die Ergebnisse mit.

Im Herbst 1781 wieder ein Besuch in der Nachbarschaft. *Ein Brief von Herzog von Gotha lädt mich aufs verbindlichste ein, Grimm ist drüben ...*, so Goethe am 1. Oktober an Frau von Stein. *Die Bekanntschafft mit diesem ami des philosophes et des grands macht gewiß Epoche bey mir, wie ich gestellt bin, und es ist mir viel werth ... ihn richtig und billig zu beurtheilen.* Baron Melchior von Grimm kommt aus Paris. Seit vierzig Jahren lebt er in der französischen Hauptstadt. Den Sechzehnjährigen, aus mittellosen Verhältnissen stammend, hat der Gothaer Oberhofmeister von Studnitz als Vorleser der Prinzen dorthin empfohlen. Er wird Mitarbeiter der 1751 von d'Alembert begonnenen »Encyclopédie«. Seit 1753 verfaßt er für den Gothaer Hof Berichte über französische Literatur und das Leben in Paris.

Es ist die Herrschaftszeit Friedrichs III. und seiner geistreichen Gemahlin Luise Dorothee. Voltaire, mit dem sie in Briefwechsel steht, der sich eine Zeit bei ihr in Gotha aufhält, nennt sie *eine deutsche Minerva*, Friedrich der Große *eine Frau, die ganz Europa bewundert ..., eine Frau mit wirklichen Verdiensten, von wahrer Festigkeit des Charakters, die manchen Mann beschämen könnte.*

Grimms »Correspondance littéraire« geht vierzehntägig handschriftlich an die Gothaer Residenz. Bald aber findet sie auch Abnehmer an den Höfen von St. Petersburg, Warschau, Stockholm, Wien und Berlin. In Weimar ist man ebenfalls begierig darauf. Louise von Göchhausen, Hofdame der Herzogin Anna Amalia, schreibt: *Diese Gothaer haben einen Vertrag mit den schönen Geistern in Paris, alle ihre Ejaculationen, sobald sie damit entbunden worden, noch im Manuscript (für Geld) zu lesen.* Der geschäftstüchtige Grimm kassiert für seine »Correspondance littéraire« 600 bis 1200 Livre pro Jahr. Er ist umtriebig, reist mit Diderot nach Rußland, wird von Zarin Katharina der Großen empfangen, erwirbt für sie Kunstgegenstände. 1775 wird er in den Adelsstand erhoben. 1776 ernennt ihn Ernst II. zum bevollmächtigten Minister und Vertreter seines Fürstentums in Paris.

Dieses *richtig ... zu beurtheilen* bezieht sich wohl auf Goethes harsche Ablehnung Grimms bei ihrem ersten Zusammentreffen in Eisenach im Oktober 1777: *Ich fühlte so inniglich dass (alles andere bey Seite) ich dem Manne nichts zu sagen hatte der von Petersburg nach Paris geht.*

Die Begegnung am Gothaer Hof nun verläuft anders. Am 3. Oktober trifft Goethe auf dem Friedenstein ein. Am 9. Oktober teilt er Charlotte mit: *Grimm ist heute Nacht fort und ich bleibe aus vielen Ursachen hier. Es geht mir wohl, und ich lerne endlich die Welt gebrauchen. Die Bekanntschafft mit dem Freunde hat mir die Vorteile gebracht die ich voraussah, es ist keiner ausgeblieben, und es ist mir viel werth auch ihn zu kennen und ihn richtig und billig zu beurtheilen.*

… ich lerne endlich die Welt gebrauchen. Was meint er damit? Der Bürgersohn aus der Freien Reichsstadt Frankfurt, der sich nun an den Höfen der winzigen thüringischen Duodezfürstentümer behaupten muß, ohne sich zu verlieren, und das zudem als Favorit des acht Jahre jüngeren, ungebärdigen Carl August. Über sein früheres Verhalten am Gothaer Hof gesteht er der Freundin: *Meine ehemaligen Geschichten hier sind mir so lebhafft mit ihren Effeckten denn es sind dieselben Menschen derselbe Ort und die gleichen Verhältnisse. O Lotte was für Häute muß man abstreifen …*

… mein Daseyn ist einmal nicht einfach, vertraut er Jahre zuvor seinem Tagebuch an. Und: *nur wünsch ich dass nach und nach alles anmasliche versiege, mir die schöne Krafft übrig bleibe …* An die Freundin heißt es am 11. Dezember 1778: *Dancke liebste dass Sie nach meinen Verworrenheiten fragen. Gott hat den Menschen einfach gemacht, aber wie er gewickelt wird und sich verwickelt ist schweer zu sagen.* Es ist die viel ältere, im Leben wie in der Hofetikette erfahrene Frau, der die Rolle einer Erzieherin und Sänftigerin – *tropftest Mäßigung dem wilden Blute* – zukommt. Am 27. März 1781 dankt er ihr, sie habe ihm die *Offenheit und Ruhe* seines *Herzens … wiedergegeben … und alles Gute was anderen und mir draus entspringt sey auch dein. Glaub mir ich fühle mich ganz anders, meine alte Wohlthätigkeit kehrt zurück und mit ihr die Freude meines Lebens, du hast mir den Genuß im Guts thun gegeben, den ich ganz verlohren hatte.*

4

Im Oktober 1781 ist Goethe erstmals allein, ohne seinen Herzog und die ihn begleitenden Hofleute in Gotha. Am 11. Oktober zieht er Bilanz, berichtet Carl August: *Ich bin zufrieden von meinem Aufenthalt, und wie es scheint sind es die Leute auch mit mir. Da ich ein wenig mehr als sonst mit denen Effeckten bekannt bin die meine Existenz machen muß, und ich nach und nach lerne, offen zu seyn, und mich bis auf gewisse Punckte gehen zu lassen, ohne die hergebrachten, und natürlichen Schicklichkeiten zu beleidigen, so werde ich für andre, und mir selbst wohlthätiger.*

Das vor Monaten im Dank an Charlotte gebrauchte Wort der *Wohlthätigkeit* kehrt wieder. Daß es die Liebe dieser Frau ist, die ihn verändert, daran läßt sein Brief keinen Zweifel: *Manchmal wenn ich Abends die einsamen Treppen hinaufgehe denck ich dich lebhafft als ob du mir entgegen kämst. Ich bin ganz dein und habe ein neu Leben und ein neu betragen gegen die Menschen seit ich weis daß du davon überzeugt bist.*

Wir sehen Goethe im Schloß Friedenstein, in seinem Gemach. Ein Gedicht entsteht. Er legt es, überschrieben »Den einzigen Lotte welchen du lieben kannst«, seinem Brief bei. Frau von Stein notiert nach Erhalt oder später auf die Handschrift: *Gotha.* 1789 veröffentlicht Goethe es unter dem Titel »An Lida«.

Den Einzigen, Lida, welchen du lieben kannst,
Forderst du ganz für dich, und mit Recht.
Auch ist er einzig dein:
Denn, seit ich von dir bin,
Scheint mir des schnellsten Lebens
Lärmende Bewegung
Nur ein leichter Flor, durch den ich deine Gestalt
Immerfort wie in Wolken erblicke:
Sie leuchtet mir freundlich und treu,
Wie durch des Nordlichts bewegliche Strahlen
Ewige Sterne schimmern.

… *aus vielen Ursachen* bleibe er hier. Es ist die Atmosphäre, die ihn hält. Vom *lebhaffte⟨n⟩ Intresse des Cirkels in dem ich hier bin,* berichtet er Carl August. Und: *Es ist mir recht wohl gegangen, ich habe viel gezeichnet* … In den umfangreichen Kunstsammlungen Ernsts II. findet sich auch Raffaels »Ohnmächtige Maria, von einer der heiligen Frauen unterstützt«. *Die Zeichnungen des Herzogs machen mich glücklich,* schreibt er Charlotte, *ich werde dir viel davon erzählen. Nach seinem Raphael hab ich gezeichnet und bring es mit, solch ein Blätgen zu besitzen wäre ein groser Wunsch. Nun versteh ich erst was nach ihm gestochen ist* …

Die Sehnsucht nach der geliebten Frau, die sich auf ihrem Landgut in Kochberg aufhält, läßt ihn an Abschied denken. *Um meinen hiesigen Aufenthalt mit einem Abenteuer zu endigen,* am 11. Oktober an Carl August, *will ich Morgen früh sechse in forma hier abfah-*

ren, in Siebeleben aussteigen, über die Gleichen, Ichtershausen, Dinstädt nach Kochberg zu Fuse gehen, und auf der einsamen Wandrung meine Lecktion rekapituliren. – Vom hohen Friedenstein durch das flache Land, aus dem zusammengefaßten Leben der obern Menschen, zum einzelnen und einfacheren der niederen Landbewohner. Die Wetteraussichten sind gut: *Der Inselsberg ist sehr klar, ich hoffe einen schönen Tag auf morgen. – Gotha, Donnerstag d. 11. Oktobr. 81. G. Verte.*

Am Morgen des 12. meldet er sich *früh 10 Uhr* aus *Erfurt. Das sehr trübe Wetter heute früh hat meiner Wandrung eine prosaische Wendung gegeben, ich bin hierher gefahren und will Miethpferde nehmen um über Tondorf und Tannroda zu reiten.*

Am Abend erreicht er Schloß Kochberg. *Meine Seele ist an dich fest gebunden,* schreibt er wenig später Charlotte, *deine Liebe ist das schöne Licht aller meiner Tage, dein Beyfall ist mein bester Ruhm, und wenn ich einen guten Nahmen von aussen recht schäze, so ists um deinetwillen daß ich dir keine Schande mache.*

Goethes nächste Reise nach Gotha im Dezember 1781 geschieht fast wider Willen. Carl August, seit dem Ersten des Monats in seinen Jagdgebieten bei Eisenach, ruft seinen Favoriten zu sich. Auf dem Hin- und Rückweg berührt Goethe Gotha. Er scheidet ungern aus Weimar. Er, *ganz in alle Hof- und politischen Händel verwickelt*, hat die Entwürfe zu seinem »Egmont« vorgenommen, arbeitet an dem Drama.

... meine Gestalt geht vorwärts und mein Geist zu-

rück, heißt es aus Erfurt. Am 7. Dezember erreicht er Gotha. *Von freundlichen Gesichtern empfangen, lustig unterhalten und beschenckt, habe ich gestern einen angenehmen Tag zugebracht. Es ist hier gewöhnlich daß der Nikolas bescheert; dieser hat mir auch allerley verehrt ... Von der Herzoginn hab ich ein paar schöne Manschetten und von der Oberhofmeisterin eine Dose mit Rousseaus Bild erhalten. Wir waren sehr lustig bis Nachts um zwölfe, es wurden Austern gegessen und Punsch getrunken.*

Erstmals erwähnt Goethe die junge Herzogin. Es ist Charlotte Amalie, eine geborene Prinzessin von Sachsen-Meiningen. Der französische Bildhauer Houdon hat – wohl 1773 – bei seinem zweiten Besuch in Gotha eine Büste von ihr geschaffen. Die Herzogin trägt nach antikem Muster einen griechischen Peplos, der über der rechten nackten Schulter mit einer Schließe gehalten wird. Das mittig gescheitelte Haar ist straff zurückgekämmt und zu einem Knoten gebunden. Auf dem Kopf sitzt ein schlichtes Diadem. Eine hohe Stirn, längliche Gesichtszüge, ein leicht vorgeschobenes Unterkinn, eine stolze Kopfhaltung; da scheint nichts geschönt, sondern nach dem Leben gebildet: Einer reizvoll eigenwillig-aparten Person sehen wir uns gegenüber. Die Herzogin ist zu diesem Zeitpunkt zweiundzwanzig Jahre alt. Der Bildhauer stellt auch diese Büste vermutlich 1773 im Pariser Salon aus.

Die *Oberhofmeisterin* ist die 1707 in Paris geborene Juliane Franziska von Buchwald. Einst war sie Hofdame und Vertraute der Herzogin Luise Dorothee, die sie, obgleich drei Jahre älter, um fast ein Vierteljahrhundert überlebt. Im Schloß führt sie – in der ersten Etage des Ostflügels – einen weithin bekannten literarischen Salon, den Christoph Martin Wieland und später auch Johann Gottfried Herder schätzen. Auch bei künftigen Besuchen wird Frau von Buchwald Goethe Geschenke machen.

Dann reist er weiter. Sieben Tage später die Ankündigung: *Heute Abend bin ich in Gotha, morgen bleib ich wohl da.* Das Fourierbuch vom 14. Dezember: *5 Uhr Goethe angekommen.* Am folgenden Tag speist er an der fürstlichen Tafel. Ein Gespräch mit der Herzogin, bei dem sie dem Gast eine *Geschichte* übergibt, die er Charlotte anvertraut: *eine Geschichte ... die mir die Herzogin von Gotha gegeben hat ein Drama draus zu machen. Die gute Frau weis nicht wie nah mich die Situation berührt.* (Um welchen Stoff es sich handelt, ist nicht überliefert; möglicherweise gibt es Assoziationen zum »Egmont«, den er unter den Händen hat.) *Früh neun Uhr Goethe wieder nach Weimar gereist* meldet das Fourierbuch am Sonntag, den 16. Dezember.

Erwähnenswert ist dieser Gotha-Aufenthalt, weil in die Tage dazwischen, in denen Goethe zu Carl Augusts Jagdgesellschaft stößt, jene eingangs bereits zitierten Unmutsäußerungen über Weimar und das Lob des Gothaer Hofes fallen: *Die Gunst, die man mir in Gotha gönnt macht viel Aufsehn, es ist mir lieb um meinetwillen und um der guten Sache willen. Es ist auch billich daß ich durch einen Hof wieder erhalte, was ich durch einen Hof verlohren habe.* Seine Klage über *öffentliche Gleichgültigkeit der unsrigen gegen mich ...* vertraut er Charlotte an, sein Brief ist in *Eisenach Montags de. 10. Abends* geschrieben.

Die Hintergründe? Sind es Widerstände im Geheimen Consilium gegen seine Vorschläge und Voten? Sind es Spannungen zum Kammerpräsidenten von Kalb? Mokant äußert dieser, *Goethe* werde *nun einsehen, daß man mit Genie allein kein Land regieren kann, sondern daß außer Diesem auch Kenntnisse deselben, der enggestellten großen und kleinen Diener und gesammelte Erfahrungen notwendig sind.* Er konstatiert Goethes *Mißvergnügen und Unruhe über den Lauf der Dinge.*

Goethes Klage über den Weimarer Hof fällt zeitlich genau in die Mitte zwischen seiner Ankunft in Thüringen und der Flucht nach Italien. Sein Ideal der Fürstenerziehung, mit dem er angetreten ist: *Es* sei *ein wunderbaar Ding ums Regiment dieser Welt, so einen politisch moralischen Grindkopf nur halbe weegen zu säubern und in Ordnung zu halten*, scheint ins Wanken geraten. Carl August nimmt kaum Ratschläge an – außer von Goethe. So gerät dieser als Intimus des Herzogs in eine schwierige Vermittlerstellung. *Ich mag nicht immer der Popanz seyn,* vertraut er seiner Beichtigerin Charlotte an, *und die andern frägt er weder um Rath noch spricht er mit ihnen was er thun will.*

Goethe lebt in ständiger Furcht vor erotischen und militärischen Eskapaden seines Herzogs (seiner Annäherung an Preußen zum Beispiel). 1781 mag es eine

Summe von Ärgernissen sein, sie kulminieren in Goethes Ablehnung von Carl Augusts Jagdleidenschaft. *Der Herzog ist vergnügt und gut*, heißt es nach seiner Ankunft *am 10. Abends aus Eisenach ... nur find ich den Spas zu theuer, er füttert 80 Menschen in der Wildniss und dem Frost, hat noch kein Schwein, weil er im freyen hetzen will, das nicht geht, plagt und ennuirt die seinigen, und unterhält ein Paar schmarutzende Edelleute aus der Nachbaarschafft die es ihm nicht dancken. Und das alles mit dem besten Willen sich und andre zu vergnügen. Gott weis ob er lernen wird dass ein Feuerwerck um Mittag keinen Effeckt thut.*

Zwei Tage später: *Heute kommt der Herz⟨og⟩ v. Gotha. Morgen geht's auf die Jagd und ich hoffe loszukommen.* Dann ironisch: *Auf den Sonntag giebt der Herzog ein Gastmal ... Des hin und wieder fahrens, schleppens, reitens, laufens ist keine Rast. Der Hofmarsch⟨all⟩ flucht, der Oberstallmeister murrt, und am Ende geschieht alles. Wenn diese Hast und Hatze vorbey ist und wir wären um eine Provinz reicher so wollt ich's loben, da es aber nur auf ein Paar zerbrochne Rippen, verschlagne Pferde und einen leeren Beutel angesehn ist, so hab ich nichts damit zu schaffen.*

Und, als ob er sich selbst beruhigen wolle, fährt er fort: *Ausser daß ich von dem Aufwand nebenher etwas in meine politisch moralisch dramatische Tasche stecke.* Spielt er auf seine Arbeit am »Egmont« an? *Nun sind die acht Tage um, und ich sehne mich eifrig nach Hause*, heißt es am 13. Dezember. *Ich bekümmere mich um nichts und schreibe Dramas. Mein Egmont ist bald fer-*

tig und wenn der fatale vierte Ackt nicht wäre ..., würde ich mit diesem Jahre auch dies lang vertrödelte Stück beschliesen.

Hat er ein Jahr zuvor noch Kestner versichert: *Meine Schriftstellerey subordinirt sich dem Leben,* eindeutig seiner amtlichen Tätigkeit den Vorrang vor der Poesie gebend; letztere als nebenbei entstehend beschrieben: *doch erlaub ich mir, nach dem Beyspiel des grosen Königs der täglich einige Stunden auf die Flöte wandte, auch manchmal eine Übung in dem Talente das mir eigen ist,* so scheint sich das mit der Arbeit am »Egmont« zu ändern.

Der Konflikt zwischen *Minister* und *Autor. Ich gewinne täglich mehr in Blick und Geschick zum thätigen Leben,* bekennt er beglückt. Doch dem Zuwachs im Praktisch-Tätigen innerhalb der Regierungsarbeit steht der fehlende Raum zum Dichten und somit die Gefahr des Verlustes des poetischen Vermögens gegenüber. Der *Vogel der sich in Zwirn verwickelt hat,* der fühlt, *dass* er *Flügel* hat *und sie sind nicht zu brauchen. Geschrieben liegt noch viel,* gesteht er Kestner, *fast noch einmal so viel als gedruckt, Plane hab ich genug, zur Ausführung aber fehlt mir Sammlung.*

»Egmont« wird weder im nächsten noch im darauffolgenden Jahr fertig werden. Wielands Prophezeiung tritt ein, Goethe werde *viel Gutes schaffen, viel Böses verhindern, und das muß ... uns dafür trösten, daß er als Dichter wenigstens auf viele Jahre für die Welt verloren ist. Denn Goethe tut nichts halb. Da er nun einmal in diese neue Laufbahn getreten ist, so wird er nicht ruhen, bis er am Ziel ist; wird als Minister so groß sein, wie er als Autor war.*

Es wird noch fünf Jahre dauern, bis Goethe den Konflikt zwischen *Minister* und *Autor* gewaltsam löst: Weimar den Rücken kehrt, am 3. September 1786 heimlich von Karlsbad nach Italien aufbricht.

In jenen Dezembertagen 1781, von den Jagdvergnügungen zurückgekehrt, notiert er in sein Tagebuch: *Sorge wegen* des Herzogs *allzu kostspieligen Ausschweifungen.* Wie berechtigt diese *Sorge* ist, zeigt sich Monate später: der Kammerpräsident von Kalb, der Leiter der obersten Finanzbehörde, wird wegen Mißwirtschaft, Verschuldung der Hofkasse und Veruntreuung entlassen.

Bereits am 29. Dezember erhält Goethe erneut eine Einladung nach Gotha. Er folgt ihr nicht. *Wie gern hätte ich*, schreibt er Ernst II., *um die Erlaubnis gebeten, unsre gnädigen Herrschaften zu begleiten, um Ew. Durchlaucht meine aufrichtigen Wünsche auf das nächste und alle kommenden Jahre mündlich vorzutragen. Allein so wohl sollte mir's nicht werden, denn des Alten und Neuen hat sich so vielerlei zusammengedrängt, daß das neu Jahr mir ein zwar freundliches, doch auch mühseliges Gesicht zeigt.* Er spielt auf seine Amtstätigkeit an. Statt seiner schickt er *Zeichnungen, die ich vom alten Forster erhalten habe*, die Weimarer Herzogin Louise habe *sie auch außerordentlich schön gefunden.*

Auch Ernst II. müssen sie gefallen haben, denn sie regen seine Sammlerleidenschaft an. Er erwirbt – durch Goethes Vermittlung – weitere 32 Tier- und Pflanzenzeichnungen Georg Forsters; 1794, nach dessen Tod, von der Witwe nochmals 77 Bleistiftzeichnungen von Pflanzen, zum Teil handkoloriert. (Heute gehören diese Blätter zu den großen Schätzen Gothas.) Austausch in Kunstfragen kennzeichnet das Verhältnis Goethes zu Ernst II. Dessen Besitz von 46 italienischen Renaissance-Majoliken mag Goethe später zur Anlage einer eigenen Kollektion von Majoliken bewogen haben.

Erhalten mir Ew. Durchlaucht Ihre höchste Gnade, schließt Goethe seinen Absagebrief, dann werde er *immer mit Lust und einer gnädigen Aufnahme versichert, auf dem Friedenstein eintreten können.*

Drei Tage später, am 2. Januar, der Tagebucheintrag: *Staffette von der Herz. v. Gotha*. Eine Einladung zur Redoute. *Obwohl Sie mir schon eine abschlägige antwort gegeben haben*, heißt es, *wage ich es doch Sie nochmals zur redoute zu bitten ... Kommen Sie und zwar bald.* Goethe reicht die so eilig überbrachte Einladung weiter. *Diese Briefe erhalte ich eben Liebe Lotte durch eine Staffette.* Etwas ungehalten kommentiert er: *Was das für eine Unruhe in den fürstlichen Gliedern ist. Sie können weder stille sizzen noch andre lassen.*

Dann weiß ich schon, ich komme sobald nicht von Gotha weg, sondern muß die ganze Woche drüben bleiben, begründet er im Januar des Vorjahres Carl August gegenüber seine Reiseunlust. Aber es ist nicht nur die verlorene Zeit, es sind auch die winterlichen Temperaturen: *Bedenk' ich noch dazu den Zug auf dem Gothaischen Schlosse, die Kälte und daß man weder Herr von seinem Rock noch Fußbekleidung bleibt, so schreckt mich das Ganze in mein Dachsloch zurück, wo mich ohnedies eine hypochondrische Vorliebe gefangen hält.* Auch jetzt gesteht er der geliebten Charlotte: *Es geht ein Thauwind und was schlimmer als alles ist, ich mag nicht. Vor Frühjahr kriegt mich niemand zum Spas aus dem Neste.* Um sein Gewissen zu beruhigen, bittet er: *Sag du mir auch daß ich nicht soll damit ich meiner Sache recht gewiß bin.* Und er schließt: *Ich will ihr einen artigen Brief schreiben, das mag ihr genügen.* Seine Antwort an die Gothaer Herzogin ist nicht überliefert.

Am 15. Januar der Eintrag im Tagebuch: *Kam der Apollo von Gotha.* Ein neuerliches Zeichen der *Gunst*, die Goethe am nachbarlichen Hof genießt. *Der Herzog von Gotha hat mir einen Abguß der wahren Büste des Vatikanischen Apolls (von Belvedere) geschickt, gegen den der unsre ein würcklicher Bauernbube ist*, so an die Freundin. Er hält den Abguß in hohen Ehren, stellt ihn zunächst im Zimmer auf, später dann, nachdem er 1786 das Original in Rom gesehen und sein Treppenhaus am Frauenplan umgebaut hat, findet der Apoll dort in einer Nische Platz, wo er noch heute steht.

Wieder einmal ein Wort aus dem Lärm in deine Einsamkeit, schreibt Goethe am 3. Februar an Knebel, der inzwischen sein Höflingsamt aufgegeben hat, nunmehr als Privatmann lebt. *Der Herzog von Gotha und Pr⟨inz⟩*

August sind seit gestern hier, und seit Anfang des Jahres hat es viel Treibens zur Comödie und Redouten gegeben …

Seinen Schilderungen dieses *Treibens* folgt: *Ich unterhalte dich von nichts als Lust. Inwendig siehts viel anders aus.* Die Januar-Eintragungen im Tagebuch belegen es. Fast täglich nimmt er an Sitzungen des *Conseils* teil, die Vorbereitung erfordert das Studium von Akten. *Früh Ackten pp, Früh Ackten, Früh Ackten gelesen*, heißt es immer wieder. Am 8. Januar: *Kriegs-Commission*, am 24. Januar: *Kriegsk.* Seit 1779 ist Goethe in dieser Kommission; sein Ziel ist, den Bestand des Militärs im Herzogtum radikal zu verringern, um eine finanzielle Entlastung der Kammer zu erreichen.

Ende März 1782 unternimmt Goethe im Auftrag Carl Augusts eine Reise an die thüringischen Höfe. Welche Mission hat er? Am 29. März ist er in Gotha zu Gast. Sind es Fragen der Ökonomie, die den Weimarern auf den Nägeln brennen und zu denen er Erfahrungen sammeln soll? Ist ein mögliches Gesprächsthema das Militär? Der Gothaer Herzog hat die menschenverachtende Praxis seines Vaters, Landeskinder zu verkaufen, aufgegeben. Und beim Reichskontingent, für das er Soldaten zu stellen hat, will er *Menschen … sparen, da ein Reiter nach dem Reichsfuß für sechs Mann zu Fuß aufgestellt* werden kann, rüstet er statt Infanteristen Dragoner aus. Die Pferde hat der Roßhändler in Grabsleben zu stellen. Für ein Dragonerpferd bekommt er 78 Taler, für ein Offizierspferd 102 und für ein Wagenpferd 55 Taler. Sechs Monate braucht das Gothaische Dragonerregiment, um marschbereit zu sein. Dann ziehen statt der geforderten 1600 Mann 536 Berittene in den Krieg. Dennoch: Die Verträge mit den Niederlanden laufen noch, auch Prinz August hat dort gedient, der letzte Vertrag über die Vergrößerung des Infanterieregimentes wird 1793 geschlossen, die Werbelokale für die niederländischen Regimenter nennen die Gothaer *Holländerie*.

Über etwaige die Themen Ökonomie oder Militär berührende Gespräche auf dem Friedenstein ist nichts überliefert. *Man ist immer sehr freundlich und auf alle Weise gefällig gegen mich, und ich thue das Meinige ...*, berichtet Goethe der Freundin. Dann folgt erstmals etwas über die private Sphäre des Herzogspaars: *Die Herzoginn sitzt schon vielleicht sechs Wochen, lässt sich tragen, und niemand glaubt ihre Kranckheit, man hält es für Verstellung und niemand kann doch sagen warum und wozu. Der Herzog ist auch nicht recht, er macht sich stark und kann es nicht ganz verleugnen.* Was ist mit der noch vor einem Vierteljahr auf die Redoute versessenen Herzogin geschehen? Reagiert sie mit ihrer – wie Goethe andeutet – simulierten Krankheit auf den Umstand, daß Ernst II. mit der jungen Gothaerin Auguste Schneider eine Geliebte an seiner Seite hat? Leidet sie unter Anfällen von Schwermut? Oder ist es der Verlust von zwei ihrer Kinder, den sie nicht verwinden kann? Eines stirbt kurz nach der Geburt. Das Leben des Erbprinzen Ernst, dem Vater sehr ähnlich und ihm sehr nahe, verlischt 1779 im Alter von neun Jahren. Auch der Vater, der so viele Hoffnungen in ihn gesetzt hat, ist untröstlich. Die kleine Leiche wird in dem Gemach aufgebahrt, das Goethe stets bewohnt. Zwei Kinder leben noch, Emil August, nun der Erbprinz, und Prinz Friedrich. Ist es das? Wir wissen es nicht.

Goethe fährt im Plauderton fort: *Ein köstlich illuminiert Kupfer nach Raphael hab ich bey dem Herzog gesehn. Durch diese obgleich immer sehr unvollkommne Nachbildung sind mir wieder ganz neue Gedancken aufgeschlossen worden. Wenn du es nur sehen könntest.* Dann: *Der Prinz* – jener, der ihn Jahre zuvor als *wild und dreist* empfand – *ist gar gut, er hat recht viel Kenntnisse und Verstand, mit ihm ist angenehm leben.* Und über Franziska von Buchwald und ihren literarischen Salon: *Die Oberhofmeisterin find' ich wenig verändert, wir haben schon wieder redlich geschwätzt.* Goethe ist zufrieden mit seinem Aufenthalt.

Von Gotha wo es mir so weich wie einem Schooskinde ergangen, heißt es drei Tage später aus Eisenach, *komm ich hierher wo mich die Sorgen wie hungrige Löwen anfallen.* Er befindet sich auf dem Gebiet seines Fürsten. Sein Brief endet mit dem Wort *Verdammniß; die Verdammniß daß wir des Landes Marck verzehren läßt keinen Seegen der Behaglichkeit grünen.* Es sind die nicht zu verdrängenden Gedanken an Verschwendung und Mißwirtschaft, die er Knebel gegenüber äußert: *Und wir habens so weit gebracht, daß oben immer in einem Tage mehr verzehrt wird, als unten in einem organisirt beygebracht werden kann.*

5

Bereits zwei Monate später schickt Carl August Goethe erneut mit einer Mission an die thüringischen Höfe. Es geht um die Neubesetzung zweier theologischer Lehrstühle an der Jenaer Universität. *Meine Sachen gehen ordentlich und gut,* schreibt er der Freundin, *es ist freylich nichts wichtiges noch schweeres, indessen da ich, wie du weisst, alles als Übung behandle; so hat auch dies Reiz genug für mich.* Er ist begierig auf Anschauung, sowohl der Natur als auch der *Natur des Menschen*: mit den *Leuten leb ich, red ich, lass mir erzählen.*

Zu Pferde ist er unterwegs. Zuerst reitet er nach Gotha, von da nach Meiningen. Von dort schreibt er: *Ich habe als Gesandter eine förmliche Audienz bey beyden Herzogen gehabt, die Livree auf dem Saal, der Hof im Vorzimmer, an den Thürflügeln zwey Pagen und die gnädigsten Herren im Audienz Gemach, Morgen geh ich nach Coburg, dieselbe Comödie zu spielen, will in Hildburghausen mich auch an den Hof stellen* ... Datiert: *Meiningen d. 12ten May 82.*

In seinem Brief *Gotha Himmelfahrts Tag 82* – es ist der 9. Mai – kein Wort von der *Audienz*, dagegen sehr intime Mitteilungen. *Den armen Herzog finde ich in einer traurigen Lage. Seine Frau ist sehr kranck, und seine Geliebte sterbend.* Dann berichtet er noch von einer *allgemeinen Seuche ..., die ganze Stadt* sei *voll Klagens und Schnupfens.*

Aber er läßt sich weder von der dramatisch zugespitzten Lage des Herzogspaars noch von der Influenza anstecken. Ironisch distanziert schreibt er: *Es steht hier alles gar wunderbar gegen einander, ich hielt es nicht acht Tage aus. Als Einheimischer, versteht sich, ein Fremder kommt immer wie Israel durch's rote Meer, ein Zauberstab macht die feuchten Wände stehen, wehe dem über dem sie zusammenschlagen.*

Als *Fremder* erlebt er den Tag als erholsam. Frau von Buchwald, genannt *Mama*, empfängt ihn in ihrem Salon. *Mama hat mir die neue schöne Genfer Edition von Rousseau geschenckt, die Confessions sind dabey. Nur ein paar Blätter, die ich drinne gesehen habe, sind wie leuchtende Sterne, dencke dir so einige Bände! Welch ein Himmel voll! Welch ein Geschenck für die Menschheit ist ein edler Mensch.*

Der Prinz ist mir immer sehr geneigt, und eine gar liebe Seele.

Am Abend verläßt Goethe den Salon im Ostflügel des Schlosses: *Ich bin unter Vorwande von Müdigkeit aus der Gesellschafft der alten Mama heraufgeschlichen, dir noch zu sagen was ich gerne sage und du gerne hörst.*

Und er erzählt der geliebten Frau: *Im Herreiten hab ich den Plan des Gedichts gefunden das ich meinen bald verlassnen Hausgöttern wiedmen wollte und habe ausserdem noch viele gute und artige Gedanken gehabt.* Er schließt: *Ich bin herzlich müde. Gute Nacht. Das Wetter wird morgen mir einen sehr angenehmen oder sehr beschweerlichen Tag geben, denn ich muß gerade über den Wald.*

d. 10. früh: das Wetter ist schön, die Berge, die ich übersteigen soll liegen klar vor mir ... Am 11. Mai: *Ich ritt um 7 Uhr von Gotha nach dem Gebürg.* Er reitet über den Kamm des Thüringer Waldes nach Meiningen, von dort nach Coburg und Hildburghausen. Am 18. Mai trifft er in Kochberg ein, und einen Tag später ist er wieder in Weimar. Ende des Monats, am 25., erhält er die Nachricht vom Tod seines Vaters Johann Caspar Goethe (weder im Tagebuch noch in einem Brief findet dieser Tod Erwähnung).

Mit den *bald verlassnen Hausgöttern* ... spielt Goethe auf den Umzug aus seinem Gartenhaus in das repräsentative Stadthaus am Frauenplan an, das ihm der Herzog zur Verfügung stellt. Sein Tagebuch vom 2. Juni: *in die Stadt umgezogen. Zum ersten mal, hinne geschlafen.* Am 3. Juni 1782 erhält er das von Kaiser Josef II. ausgestellte Adelsdiplom.

Das großzügige Haus, der Adelstitel; ein beispielloser Aufstieg und zugleich eine große Verantwortung, die ihm aufgebürdet wird. Die Ablösung des Kammerpräsidenten von Kalb. Carl August bittet seinen Favoriten, sich mit den Geschäften der obersten Finanzbehörde vertraut zu machen. Im Reskript vom 11. Juni heißt es, daß *Wir gerne sehen würden, wenn Ihr Euch mit denen Cammergeschäften näher bekannt machen und Euch zu sothanem Directorio zu qualificiren suchen wollet.* Der Herzog ernennt Goethe zum interimistischen Kammerpräsidenten. *Daß Kalb weg ist, und daß auch diese Last auf mich fällt, hast du gehört ..., Nun hab' ich von Johannis zwey volle Jahre aufzuopfern,* klagt Goethe Knebel.

An die Fertigstellung von »Egmont« ist nicht mehr zu denken, er ist schon glücklich, wenn er Zeit zum Lesen findet. *Cervantes hält mich itzo über den Ackten wie ein Korkwams den Schwimmenden,* gesteht er Charlotte. Und ein Besucher notiert: *Itzt schreibt er nicht mehr viel, weil er, wie er sagte, so sehr mit Geschäften überhäuft ist.*

Über ein Jahr vergeht bis zum nächsten Besuch am Nachbarhof. Am 13./14. Juni 1783 ist Goethe in Gotha: *Man hat mich hier sehr freundlich empfangen, es ist alles auf dem alten Fus.* Eine Anspielung auf den Herzog mit Ehefrau und Geliebter? Der Gast berichtet nur von Angenehmem. *Der Herzog hat ein Paar schöne Landschafften von Hackert, woran besonders die Fernen, und Himmel unglaublich schön sind.* (Jahre später wird Goethe in Neapel bei Philipp Hackert Zeichenunterricht nehmen.)

Der Englische Park des Herzogs, der sein Stolz ist. Schon als junger Mann, noch zu Lebzeiten seines Vaters, hat er mit dessen Gestaltung begonnen. Die Anregung dazu bekam er während seines Aufenthaltes in Wales bei seiner Tante Prinzessin Augusta, der Mutter des Königs von England. Goethe verfolgt die Arbeiten, bereits 1782 widmet er ihnen ein Epigramm: *Welch ein himmlischer Garten entspringt aus Öd' und*

Wüste, / Wird und lebet und glänzt herrlich im Lichte vor mir.

1783 nun, ein Gang vermutlich mit dem Fürsten in den Park, eine Rast am Merkurtempel nahe dem Wasser, eine Überfahrt zur Insel. Am 14. Juni berichtet er Charlotte: *In dem englischen Garten ist es recht anmutig still und ruhig, das Monument, das auf der Insel über dem Grabe des Prinzen steht recht hübsch und gut. Anstatt daß unser Herzog neuerdings alle Thüren und Brücken seiner Gärten und Anlagen eröffnet hat, so sind hier die Partien des Gartens gegen einander selbst verschlossen und stellen Vorhöfe, Tempel und Heiligstes vor. Der Unterschied ist recht karakteristisch.*

Er fährt fort: *Heute werd ich die Gyps Abgüsse sehn die der Herzog hat, und diesen Morgen des Prinzen August neues Gebäude und Anlagen besuchen ... Gotha Sonnabend nach Pfingsten 83.* Die *Gyps Abgüsse* sind Nachbildungen antiker Plastiken, geschaffen von Friedrich Wilhelm Eugen Doell. Der 1750 geborene Bildhauer kommt, von Melchior Grimm empfohlen, als Zwanzigjähriger nach Gotha, findet zunächst im Vater von Ernst II., dann in diesem seine Gönner. Man schickt den jungen Mann mit dem französischen Bildhauer Jean-Antoine Houdon, der sich 1773 in Gotha aufhält, nach Paris, wo er ein Jahr in Houdons Atelier lernt. Dann finanziert ihm der Herzog einen mehrjährigen Aufenthalt in Italien. Doell schafft – es ist seine erste bedeutende Arbeit – für das Pantheon in Rom eine Büste des 1768 ermordeten Kunstwissenschaftlers Johann Joachim Winckelmann.

Mit dessen Werk setzt er sich auseinander; der Leitspruch *edle Einfalt* und *stille Größe* wird auch der seine. Unter Anleitung eines ausgezeichneten Kenners der Antike, des in Rom lebenden Gothaer Hofrates Reiffenstein, vervollkommnet er sich. Reiffenstein wählt für Ernst II. die *besten Antiken* aus; darunter sind Laokoon, der Farnesische Herkules und der Torso des Antonius. Doell stellt die Abgüsse her.

1782 kehrt Doell nach Gotha zurück. Ernst II. ernennt ihn zum Direktor der neugegründeten Zeichenakademie. In der »Galerie der Antiken« dienen seine Arbeiten als Studienmaterial.

Der Bildhauer, bei bürgerlichen Auftraggebern und an Fürstenhöfen gefragt, schafft die Basreliefs in der Reitbahn zu Dessau, das Leibnitz-Denkmal in Hannover, das Lessing-Denkmal in Wolfenbüttel und anderes.

Auch als Stukkateur leistet Doell Außerordentliches; noch heute künden in den Räumen des Friedenstein seine großen Reliefbilder im Marmorzimmer, die Dekkengestaltung im Blauen Zimmer und die Gipsreliefs im Speise- oder Musikzimmer davon. Doell ist es, der Schloß und Stadt nach den Wünschen des Herzogs das klassizistische Gepräge gibt.

Prinz August folgt ebenfalls dieser Mode. Das von Goethe erwähnte *neue Gebäude*, das er Pfingsten 1783 besucht, ist das von Thümmel im klassizistischen Stil erbaute repräsentative Palais vor dem Siebleber Tor, das der Prinz gegen sein bisheriges Domizil in der Hützelsgasse eintauscht. Der Festsaal ist von Doell ausgestattet.

Am 6. Oktober 1783 weilt Goethe auf der Rückreise seines über einen Monat währenden Harzaufenthaltes einen Tag in Gotha. Das Fourierbuch vermerkt: *Goethe angekommen. Fürstliche Tafel ... abends Goethe beurlaubt.*

Am 28. November 1783 findet in Weimar die öffentliche Hinrichtung der Kindsmörderin Johanna Catharina Höhn statt. Am 4. November hat Goethe dazu sein Votum verfaßt: *daß auch nach meiner Meinung räthlicher seyn möge die Todesstrafe beyzubehalten.*

Das Jahr 1784. Am 24. Februar geht in Ilmenau das Bergwerk wieder in Betrieb. *Nicht leicht habe ich etwas mit soviel Hoffnung, Zuversicht und unter so glücklichen Aspekten unternommen, als diese Anstalt eröffnet*, schreibt Goethe an Ernst II. Und am 15. März: *übersende hierbey unterthänigst zehn Gewährscheine als auf soviel Kuxe Höchstdieselben unterzeichnet und empfehle das neue Werck zusammt der Gewerkschaft zu Gnaden.* Der Gothaer Herzog erwirbt *zehn Kuxe.* Auch sein Minister Frankenberg kauft Ilmenauer Anteile.

Im Sommer reist Goethe mit seinem Ziehsohn Fritz von Stein an den Nachbarhof. Die heitere Atmosphäre des Vorjahres ist gewichen. Über den Zustand der Herzogin kein Wort. Auguste Schneider aber, die Geliebte des Herzogs, liegt im Sterben. Der Dichter, der den Anblick von Kranken und Todkranken lebenslang meidet, geht – gewiß auf Wunsch des Regenten – zu ihr. *Ich habe die Schneidern besucht, die mich gejammert hat*, berichtet er Charlotte. *Sie ist gewiß ein seltenes gutes Geschöpf, das menschlichem Ansehn nach kein halb Jahr mehr zu leben hat. Sie trägt ihre Übel mit einer Gelassenheit, ist so verständig beträgt sich so artig ...*, alle nehmen *sehr lebhafften Antheil an ihr.*

Was aus dem Herzog werden soll wenn sie stirbt seh ich nicht. Gott bewahre ieden für so einer Lage. Er hofft noch, ich würde nicht hoffen können. Er versetzt sich in die Situation, wenn ihm ein solcher Verlust drohen würde, und kommt zu einem erstaunlichen Ergebnis. *Ich habe es recht lebhafft gefühlt daß ich im Stande wäre in gleichem Falle meiner Geliebten Gift an zu bieten*, man stockt und liest weiter: *und* dieses *Gift mit ihr zu nehmen.*

Wie mag die Empfängerin des Briefes Goethes Bekenntnis zu Sterbehilfe und Liebestod aufgenommen haben? Als erneuten Beweis ihrer engen symbiotischen Verbindung? Als Versicherung ihrer Nähe und Untrennbarkeit, wie seine Zettel und Briefe, diese berührenden Zeugnisse an die sieben Jahre ältere Frau es in dieser Zeit fast täglich, zuweilen stündlich tun, ihr versichernd: *Ich bin dein und muß dein sein ...* Er lebt für sie, durch sie: *ich habe in einer Nacht recht bitterlich geweint, da ich mir vorstellte, daß ich dich verlieren könnte ...* Und: *ich könnt es nicht Acht Tage treiben wenn mein Geist nicht in der glückseligen Gemeinschaft mit dem deinigen lebte.* Als Gesprächspartnerin ist sie ihm unentbehrlich: *Wem soll ich sagen, was ich dencke? Wem soll ich meine Bemerkungen vertrauen.* An Knebel heißt es, auf seinen Überdruß wegen seiner Amtsgeschäfte anspielend: *Die Stein hält mich wie ein Korckwams über dem Wasser, dass ich mich auch mit Willen nicht ersäufen könnte.*

Über diesen Sommerbesuch mit seinen Schatten gesteht er der geliebten Frau: *Einigemal überfiel mich ein recht schmerzliches Verlangen nach dir, und nahm mir den Genuß des gegenwärtigen Guten ... Alles leitet, treibt, drängt mich wieder zu dir.*

Dennoch, insgesamt gewinnt er auch diesem Aufenthalt positive Seiten ab. *In Gotha ist es mir recht gut gegangen, und es hat mir sehr wohl gethan meine Seele auch nur auf einige Tage ausgespannt zu haben.*

Zum Ausspannen gehört ein Besuch im Salon von Franziska von Buchwald. Wie stets macht sie dem Gast ein Geschenk. Diesmal ist es »La vie privée du Roi de Prusse«, ein wenig schmeichelhafter Text von Voltaire über den preußischen König Friedrich den Großen. Durch Indiskretion ist er aus Voltaires Wohnsitz Ferney entwendet worden, kursiert in Abschriften. Durch Grimm vermutlich ist davon eine nach Gotha gekommen. Die Geberin verpflichtet den Beschenkten zur Diskretion. Aber die muß nicht lange währen, noch im Jahr 1784 erscheint die Schrift im Druck in Amsterdam. Goethe liest und kommentiert: *wenn der Welt über Könige und Fürsten die Augen aufgehen könnten und sollten so wären diese Blätter wieder eine köstliche Salbe. Allein man wird sie lesen ..., sie bey Seite legen und ihnen wieder zu Füssen fallen.*

Am 23. Februar 1785 stirbt Auguste Schneider nach einem langen Kampf. Seit September 1784 ist die junge Göttingerin Therese Heyne, die spätere Frau Georg Forsters, in Gotha, um die Kranke zu pflegen und sie bis zum Tod zu begleiten. Von ihr wissen wir, daß Ernst II. täglich zur Kranken kam. *Nach sieben Monaten, die ich bei dem Krankenbett, dem Sterbelager eines interessanten Weibes zubrachte – sieben Monate voller Ereignisse für meine Bildung, in denen ich mich immer mehr in die Treue gegen den abwesenden Forster hineinschwärmte; damals lebte ich täglich mit dem letzten Herzog von Gotha, den ich kindisch verehrte.*

Der nächste Gotha-Aufenthalt Goethes fällt in den November 1785. Goethe ist in Bergwerksangelegenheiten in Ilmenau. Schnee liegt. Es ist kalt und klar. *Das schöne Wetter lockt mich, ich will morgen auf Gotha reiten, um dort meinen Freunden auch einmal Freude zu machen und den Conradin zu sehen. Der Anblick dieses, jenseits der Alpen gefertigten Werks wird mich auch auf den Thüringischen Winter stärcken helfen,* schreibt er am 8. November an Charlotte nach Weimar. Zwei Tage später heißt es: *Wenn ich rechne daß ich nur 8 Stunden auf Gotha habe …*

Am 12. November reitet er von Ilmenau nach Gotha. Das Fourierbuch vom 12. November meldet: *Abendtafel Goethe.* Charlotte dagegen kann lesen: *Gotha d. 13ten Nov 85 nachts 11. Den ganzen Tag habe ich in Gesellschaft zugebracht und nun noch ein Wörtgen mit dir. Laß dich die paar Tage längerer Abwesenheit nicht reu-*

en, ich komme und eile womöglich mit vollerer Seele zu dir zurück. Einen Tag später die Entschuldigung: *ich muß noch diesen Tag bleiben, man verlangt es zu eifrig. Ich habe Conradin noch nicht bey Tage gesehen, der Herzog hat einige phisikalische Instrumente aufstellen lassen und so w. Damit du nicht vergeblich wartest schicke ich dir diesen Boten.*

Mit *Conradin*, der ihn *auf den Thüringischen Winter stärcken helfen* soll, ist Johann Heinrich Wilhelm Tischbeins Gemälde »Konradin von Schwaben und Friedrich von Österreich vernehmen beim Schachspiel ihr Todesurteil« gemeint. Das Bild ist in Rom entstanden.

Goethe hat Tischbein zu einem zweiten Aufenthalt dort verholfen. Seinen ersten hatte dieser wegen Geldnot abbrechen müssen. In einem Brief vom 22. April 1782 bittet Goethe Ernst II., den jungen noch unbekannten Maler zu unterstützen. Am 27. April heißt es an Charlotte: *was der Herzog von Gotha Tischbein in Rom offerirt ist gar nicht acceptabel.* Wohl nochmals Gespräche. Dann der Erfolg. Am 17. Juni 1782 teilt er Carl August mit: *Der Herzog von Gotha hat mir geschrieben und bestimmt 100 Dukaten. Tischbein soll heute Nachricht erhalten.* Offenbar erwartet Tischbein mehr, denn am 4. Oktober notiert Goethe: *An Tischbeinen habe ich heute geschrieben ... ich kann ihm weder gewähren noch verschaffen, was er gerne mögte, denn der Herzog von Gotha siehts anders an.* Mit einem jährlichen Stipendium von 100 Dukaten bricht Tischbein im Oktober erneut nach Italien auf.

Zwei Jahre später halten sowohl der Herzog als auch

Goethe Vorstudien Tischbeins zu dem Konradin-Gemälde in Händen. Goethe ermutigen diese Entwürfe, nochmals für den Maler einzutreten. Am 19. April 1784 schreibt er an Ernst II.: *Warum ist ihm das Bild Conradin's so wohl gerathen, als weil er selbst ein guter, edler, freisinniger Mensch ist ... ich stimme mit Ew. Durchl. darin ganz ein, daß er ein fürtrefflicher Portraitmaler sein werde. Der Wunsch, den ich Ew. Durchl. vorzutragen zauderte ..., ist ihm eine kleine Summe Geldes zu bestimmen ..., um nach lebenden Modellen zu malen und sich immer mehr zu vervollkommnen.* Wieder unterstützt der Gothaer Herzog Tischbein. Im September des Folgejahres trifft als Dank aus Rom das besagte Gemälde ein. (Seit Oktober 2013 ist es im neueröffneten Herzoglichen Museum Gotha wieder zu sehen.)

Ihre Zuschrift, mein lieber Tischbein, schreibt Ernst II. am 19. September 1786, *und noch weit darüber Ihr schönes Bild aus der Geschichte des Konradin habe ich mit dem wärmsten Vergnügen erhalten. Ich wünschte von Herzen, daß das neue Bild aus der Geschichte der Helena und des Paris diesem gleich und ähnlich werde ... Recht sehr gern werde ich etwas für Sie thun und Ihre Pension erhöhen ... Noch ein Jahr wünsche ich, daß Sie zu Rom zubringen mögen, nach Verlauf desselben will ich zusehen, was ich für Ihre zukünftige Versorgung zu thun im Stande bin.*

Goethe ist, da dieser Brief in Gotha geschrieben wird, bereits auf dem Weg nach Italien; hat die Alpen schon überquert, Gardasee und Verona hinter sich gelassen, reist Venedig entgegen. Als er am 29. Oktober Rom erreicht, findet er Unterkunft bei Johann Heinrich Wilhelm Tischbein in dessen Künstlerquartier in der Via del Corso. Ein *köstlich guter ..., trefflich gebildeter Mensch* sei er, so der Ankommende. Die beiden werden Freunde. Tischbein spielt für seinen Gast den Cicerone in Rom, gibt ihm Unterricht im Zeichnen. Am 6. Februar 1787 nennt Goethe in einem Schreiben an den Gothaer Herzog Tischbein *diesen ihren Künstler.* (Nach Carl Augusts Aussage will Ernst II. den Maler für seine Zeichenakademie gewinnen.) Weiter heißt es in Goethes Brief, er wolle Tischbein *nicht loben*, aber *das große Bild das er für Ew Durchl unter Händen hat*, sei *wenn man in der Nähe* zusehe, *ein ungeheures Unternehmen*, und es gehöre *großer Muth* dazu, *um so ein Werk anzufangen.*

Als Tischbein dann nach Neapel geht, kühlt Goethes Beziehung zu ihm ab, nicht zuletzt, weil der Maler sich dem Gothaer Herzog gegenüber als undankbar erweist. Das Gemälde *aus der Geschichte der Helena und des Paris*, das *große Bild*, dessen Entstehung Goethe lobt, auf das sich der Herzog in seinem Brief bezieht (offenbar wie *Konrad* ein Wunschbild, ein Auftrag), wird nicht fertig.

Verärgert schreibt Goethe am 2. März 1789 – er ist bereits wieder in Weimar – an den nach Rom gereisten Johann Gottfried Herder: *Tischbein ... ließ sich auf das ungeheure Bild der Helena ein, das er zuletzt stehen ließ, schickte in drei Jahren nichts an den Herzog, glaubte zu-*

letzt ihn entbehren zu können, und zog die Pension nicht mehr. Dieses geschah von der Zeit an, als er nach Neapel ging, und ⟨er⟩ erklärte mir selbst, daß er sich von dem Herzog getrennt ansähe. Tischbein ist mit allen guten Qualitäten ein wunderliches Thier, eine Art Hasenfuß, ist faul, unzuverlässig, seitdem er von den Italiänern in das Metier der Falschheit, Wort- und Bundbrüchigkeit zu pfuschen gelernt hat ... Es ist Schade um ihn ... Tischbein wird zwischen zwei Stühlen niedersitzen, ohne daß ihm jemand helfen kann ... So steht das ohngefähr. Laß meinen Brief niemand sehen, vorzüglich um Tischbeins Willen. Ich sage niemand, wie ich von ihm denke. Wer mit ihm zu thun hat, mag ihn selbst kennen lernen.

Die Enttäuschung, sich beim Gothaer Herzog so vehement für den Maler eingesetzt zu haben. Vielleicht tröstet ihn, daß er Ernst II. in seiner Italienzeit auch in anderer Weise zu Diensten sein kann. Vermittelt durch Hofrat Reiffenstein erwirbt er nicht nur für Carl August, sondern auch für ihn – vertraut mit dessen Neigungen und Geschmack – Kunstgegenstände. So heißt es am 28. November 1788 nach Gotha: *Das Gemälde von Guido mache ich in Rom gleich feste ... Die Zeichnung davon sollen Sie bald haben, sie muß nur aufgezogen und ausgebessert werden.*

6

Aber greifen wir nicht vor, noch sind wir im Jahr 1785 mit Goethes November-Besuch in Gotha, den er um einen Tag verlängert. Er möchte Tischbeins Gemälde bei Tageslicht betrachten.

Am 23. Januar 1786 ein Zettel an Charlotte: *Ich … will morgen reisen.* Eine Winterreise zum kalten und zugigen Gothaer Schloß? *Hast du*, fragt er die Freundin, *etwa meinen Egmont, die Vögel oder sonst etwas von meinen dramatischen Schrifften? Die benandten Sachen fehlen mir und noch mehr.*

Am Morgen des 24. Januar dann vor der Abfahrt: *Wahrlich bin ich an der Operette kranck, denn ich habe schon heute früh dran schreiben müssen.* Gemeint ist sein Singspiel »Die ungleichen Hausgenossen«. Seit sein Jugendfreund, der Komponist Philipp Christoph Kayser, ihm von der Opern- und Theaterpraxis in Süditalien berichtet hat und seit in Weimar die Truppe des Joseph Bellomo spielt, reizt Goethe das Genre der Opera buffa. Für Kayser hat er bereits das Libretto »Scherz, List und Rache« geschrieben. Hat Verbindungen zu Bühnen in München und Wien geknüpft.

Die Idee zu »Die ungleichen Hausgenossen« entsteht im Herbst 1782, angeregt durch Gotters Lustspiel »Das öffentliche Geheimniß« nach einer Komödie Carlo Gozzis. Dann aber erscheint in Frankreich Beaumarchais' »La Folle Journée, ou le Mariage de Figaro«. Seit seinem »Clavigo« kennt Goethe diesen Autor. Am 26. September 1783 wird »Figaro« im Schloß Vaudreuil bei Gennevilliers uraufgeführt, am 27. April 1784 findet mit grandiosem Erfolg die erste Vorstellung in Paris statt.

Bereits ein Jahr später liegen zwei deutsche Übersetzungen vor. Thematik und Sujet ähneln überraschend – liest man Goethes Fragment gebliebenes Stück – Beaumarchais' Komödie. Goethe, der ursprünglich wohl Bezug auf die moralisch-politischen Angelegenheiten des Weimarer und vielleicht auch des Gothaer Fürstenhauses nimmt, findet in dem Stück des Franzosen eine Zuspitzung von höchster sozialer und gesellschaftspolitischer Brisanz. Er nimmt die Arbeit an den »Ungleichen Hausgenossen« wieder auf, um die Operette unter veränderten Vorzeichen umzuarbeiten. Überliefert sind – in seiner Handschrift – Teile eines Szenariums nach Beaumarchais.

Am 8. November 1785 – Goethe reitet von Stadtilm nach Ilmenau – schreibt er an Charlotte von Stein: *Ich habe unterweegs ... auch eine alte Operette wieder vorgenommen, und sie reicher ausgeführt.* Und am 22./23. Dezember heißt es an Kayser, der noch mit der Vertonung der ersten Operette beschäftigt ist: *Ich habe schon wieder eine neue angefangen ... In dieser werde ich auch für Rührung sorgen ... wonach das gemeine Publicum so sehr sich sehnt. Es ist auch natürlich jeder Laffe und Läffinn sind einmal zärtlich gewesen und an diesen Saiten ist leicht klimpern ...* Er gesteht: *Meine sieben Personen und ihre Wesen durch einander unterhalten mich manchmal besonders wenn ich zu Pferde Tagreisen machen muß und unterweegs nichts klügers zu dencken habe.*

Der 24. Januar 1786. Noch am Morgen der Abreise arbeitet Goethe an seiner Operette. Er nimmt sie mit; gewiß, um daraus in Gotha vorzulesen, vielleicht auch in der Hoffnung, sie dort später aufgeführt zu sehen. *Lebe wohl*, endet sein Brief an Charlotte: *Hier der Schlüssel der alle Papiere beschließt.*

Goethes Aufenthalt in Gotha wird eine Enttäuschung werden. *Die Herzoginn sieht übel aus und spricht sehr heiser. Des Abends wird gelesen und man scheint mit mir zufrieden, der Wind saußt entsetzlich auf dem Schlosse, und bläst mein ganzes Zimmer durch, so daß ich am Ofen sitze, an der einen Seite brate, an der andren erstarrt bin.*

Der Grund seines Unmutes aber liegt tiefer. Der einst zusammen mit Conrad Ekhof als künstlerischer Leiter eingesetzte Bibliothekar Heinrich August Ottokar Reichard ist nun allein für das nur noch gelegentlich spielende Hoftheater zuständig. Zugleich ist er Herausgeber des »Theater-Journals für Deutschland« (1777-1784) und des »Theaterkalenders« (1775-1800). Letzterer ist äußerst beliebt. Der Gothaer Verleger Ettinger verkauft jedes der winzigen Bücher im Halboktav (7×11 cm) für 20 Groschen, er hat einen Abnehmerkreis weit über das eigene Herzogtum hinaus. Der einmal im Jahr erscheinende Kalender enthält die sogenannten *Monatskupfer*, Abbildungen von Szenen der neuesten Dramen, auf denen die Mimen in den Kostümen der gespielten Figuren zu sehen sind und so ein anschauliches Bild von der Bühnenpraxis geben. Im »Theaterkalender« von 1780 zum Beispiel werden Chodowieckis Kupferstiche zu Lessings »Nathan der Weise« gedruckt, im Jahrgang 1783, ebenfalls von Chodowiecki, seine Kupfer zu Schillers »Räubern«. Weiterhin finden Theaterreden von Prinzipalen sowie Schmeicheleien und Gedichte auf Actricen im Almanach Platz. Ebenso theoretische Abhandlungen, im ersten Jahrgang zwei Stücke aus der »Hamburgischen Dramaturgie«, dann ein Text »Gedanken über das Spiel und den Schauspieler«, mit den Abschnitten: *Vom Privathaß unter Schauspielern*, *Von der Stimme* und *Vorschlag zu einer Theaterschule*. Für die Bühnenpraktiker interessant sind Listen neuerer Literatur, Informationen zu ausländischen Aufführungen sowie in jedem Jahrgang ein *Verzeichnis der lebenden deutschen Schriftsteller und Tonkünstler, die für das Theater gearbeitet haben*. Auch auf Anekdoten und Nachrichten über merkwürdige Vorfälle verzichtet Reichard nicht.

Werden die ersten Jahrgänge von Boie, dem Herausgeber des »Göttinger Musenalmanachs«, und von Christoph Martin Wieland gelobt – dieser schreibt: *Die Wahl der Materien und die Munterkeit der Schreibart machen dem Herausgeber gleichviel Ehre und alle Liebhaber des teutschen Theaters sind ihm für seine Bemühung den aufrichtigsten Dank schuldig* –, so sinkt in den achtziger Jahren das Niveau. Schiller fällt bereits am 3. März 1783 ein vernichtendes Urteil, er sieht in Reichards »Theaterkalender« *soviel Seichtes*, daß er sich *nicht entbrechen könne, sich öffentlich darüber zu moquiern.*

Goethe nimmt sich in den Wintertagen auf Schloß Friedenstein einen dieser »Theaterkalender« vor und ist entsetzt. *Der Theater Calender, den ich gelesen hat mich fast zur Verzweiflung gebracht;* schreibt er an Charlotte, *noch niemals hab ich ihn mit Absicht durchgesehn, wie iezt und niemals ist er mir und sein Gegenstand so leer, schaal, abgeschmackt und abscheulich vorgekommen ... Mit der desolatesten Kälte und Redlichkeit ist hier ein Etat aufgestellt, woraus man deutlich sehen kann, daß überall, besonders in dem Fache, daß mich jetzt interessiert, überall nichts ist und nichts sein kann.*

Die *Absicht*, die ihn zur Lektüre gebracht hat, ist die Sondierung des Terrains nach Chancen für seine Bemühungen um die Opera buffa. Sein Fazit für die deutschen Bühnen fällt niederschmetternd aus: *überall nichts*. Goethe schlußfolgert vom »Theaterkalender« auf den Zustand der deutschen Bühnen, und sein Wunsch, sich dort aufgeführt zu sehen, schwindet. *Meine arme angefangene Operette dauert mich, wie man ein Kind bedauern kann, das von einem Negerweib in der Sclavery gebohren werden soll.*

Sein Urteil ist hart. Er erwähnt einige Beiträge im »Theaterkalender«, unter anderem *Vulpius Lob Gedichte auf Herrn Kurz* und einen *Prolog von Kotzebue ... Mit den Exkrementen der Weimarischen Armuth würzt*

Herr Reich⟨ard⟩ seine oder vielmehr die deutsche Theater Miserie.

Daß es im Kreis des Gothaer Herzogs, dem vermutlich auch Reichard angehört, schwierig, fast unmöglich ist, offen über dessen Publikationen und über die Bühne im Schloß zu reden, ist gut vorstellbar. Und so heißt es an Charlotte: *Ich habe niemanden als dich dem ich meinen grosen Verdruß klagen kann. Ich lese nun hier meine Sachen vor und schäme mich von Herzen indem man sie bewundert und darf nur gegen den Prinzen meine Herzensmeynung sagen, der sehr brav und sehr Kranck ist.* Und wieder die Versicherung, daß sie, Charlotte, seine einzige Vertraute sei: *du mußt mir eben alles ersezen, ich halte mich an dich.*

Dann fügt er in bezug auf den Gothaer Hof an: *Unter diesem ehrnen Himmel! Den ich sonst nicht schelte*; um der Freundin schließlich sehr lakonisch seinen Verzicht auf Aufführungen kundzutun: *denn es muß ja keine Operetten geben.*

Woher kommt Goethes *großer Verdruß*? *Unglücklicher Weise habe ich den Pariser Theater Almanac auch hier gefunden, von dem der deutsche eine deutsche Nachahmung ist*, schreibt er noch an Charlotte. Hängt sein *Verdruß* mit der Lektüre des *Pariser Theater Almanac* zusammen? Warum sollte er sonst schreiben, daß er ihn *unglücklicher Weise* gefunden habe? Zeichnen sich dort andere Entwicklungen ab? Von denen er bereits im Vorjahr eine Ahnung bekam, als Mozarts Oper »Die Entführung aus dem Serail« in Weimar gegeben wurde (drei der fünf Vorstellungen besucht Goethe).

Wenige Monate nach seinem Winteraufenthalt in Gotha, am 1. Mai 1786, wird Mozarts Oper »Le nozze di Figaro« mit dem Libretto von Lorenzo da Ponte nach Beaumarchais in Wien am k.u.k. National- und Hoftheater mit sensationellem Erfolg uraufgeführt.

Ehe Kayser die Komposition zu Goethes Singspiel »Scherz, List und Rache« fertiggestellt hat – erst im November 1787 wird er ihm die Partitur in Rom übergeben –, ist Mozart ihnen zuvorgekommen. Fünf Jahre intensiver Zusammenarbeit liegen hinter den beiden; ständig werden Umformungen debattiert; Kayser soll auch die Kompositionen zu »Erwin und Elmire« und »Claudine von Villa Bella« machen; noch am 23. Januar 1786 teilt Goethe Kayser Einzelheiten über die singspielgerechte Umarbeitung der genannten Stücke mit. Alle ihre Arbeiten laufen ins Leere. Goethe wird bewußt, daß seine und Kaysers Bemühungen um ein deutsches Singspiel, um die *reine Opernform*, wie er später schreibt, angesichts der überragenden Leistung Mozarts jegliche Bedeutung verloren haben.

Über »Scherz, List und Rache«, für dessen Aufführung Goethe bereits seine Fühler nach Wien und München ausgestreckt hatte, resümiert er in der »Italienischen Reise«: *Alles unser Bemühen … ging verloren, als Mozart auftrat. Die Entführung aus dem Serail schlug alles nieder, und es ist auf dem Theater von unserem so sorgsam gearbeiteten Stück niemals die Rede gewesen.*

Auch die Arbeit an den »Ungleichen Hausgenossen« bricht Goethe ab. Ein letzter Beleg ist vom 13. April 1786, vierzehn Tage vor der Wiener Uraufführung von Mozarts »Figaro«. Da heißt es an Charlotte von Stein: *ich habe noch eine Arie zur Operette gemacht.* In den »Tag- und Jahresheften« schreibt er: *Ein Singspiel: die ungleichen Hausgenossen war schon ziemlich weit gediehen ... Arien, Lieder, mehrstimmige Partien daraus verteilte ich nachher in meine lyrischen Sammlungen und machte dadurch jede Wiederaufnahme der Arbeit ganz unmöglich.*

Sieben einzelne, zum Teil sich inhaltlich überschneidende Bruchstücke sind überliefert, in einem Quartbändchen in der Reinschrift des Schreibers Vogel und in flüchtigen handschriftlichen Notizen Goethes, darunter die Entwürfe zu dem Szenarium nach Beaumarchais; das meiste ist auf freien Rückseiten ausgemusterter Amtspapiere notiert. (Erst 1836/37 werden die Fragmente erstmals veröffentlicht.)

Goethes Bemühungen um Operette und Singspiel, *dem Fache,* wie er aus Gotha schreibt, *daß mich jetzt interessiert,* sind aus den genannten Gründen wenig bekannt. Sein Ärger angesichts der Lektüre von Reichards »Theaterkalender« über die *deutsche Theater Miserie*, sein *Verdruß* über die nicht offenen, gedrosselten Gespräche bei seinem Aufenthalt auf Schloß Friedenstein aber entspringen vielleicht schon der Ahnung der Vergeblichkeit seiner Mühen, im Brief an Charlotte von Stein spricht er es aus: *denn es muß ja keine Operetten geben.*

Einen aufmerksamen Zuhörer aber hat Goethe in jenen Januartagen, da *der Wind auf dem Schlosse entsetz-*

lich saust, den *Gen Sup,* wie er schreibt. Es ist Johann Benjamin Koppe, der frühere Göttinger Theologieprofessor, seit 1784 Generalsuperintendent in Gotha. *Ich komme wohl erst Sonntag Abend, da mich der Gen Sup so gedultig anhört, denn er ist alle Mittag und Abend da; so muß ich auch so höflich seyn und ihn hören.* Und in der Tat besucht er am Sonntag, dem 29. Januar 1786, die Schloßkirche auf dem Friedenstein, hört sich eine Predigt Koppes an. Danach verläßt er Gotha: *Nach der Kirche sez ich mich ein und fahre fort.*

Am 15. Juni 1786 heißt es aus Ilmenau an Frau von Stein: *Wenn das Wetter schön bleibt, gehe ich wohl über Gotha nach Hause und komme Dienstag an.* Das Wetter ist schön, am Vormittag des 17. Juni trifft er in Gotha ein, bezieht wie immer die Stein-Galerie. Am 18. Juni fährt er mit dem Herzogspaar und Prinz August nach Schnepfenthal und Reinhardsbrunn. Ein Ausflug. Prinz August berichtet Herder darüber: *Wir haben in Schnepfenthal und Reinhardsbrunn einen recht schönen, heitren und vergnügten Tag zugebracht. Nach der Tafel las uns Goethe auf einem steinernen Tisch, der vermutlich noch von den guten reinhardsbrunnischen Benediktinern herrührt, zwar keine Epistel Pauli an die Römer oder Galater, aber doch eine Epistel V. Cl. Weikardi ad V. Cl. Zimmermann homiletisch vor, die nicht leicht eine andere an feinem attischen Salze und an römischer Urbanität übertreffen wird.* Goethe liest aus der Schrift »Gedanken eines Weltbürgers über geheime Gesellschaften«, verfaßt von dem kaiserlich-russischen Hofmedikus Weikard, und einen Text des Schriftstellers und Arztes Johann Georg Zimmermann. Die Gäste besichtigen Schnepfenthal. Dort hat Christian Gotthilf Salzmann 1783 mit Hilfe des Herzogs ein Gut erworben und bereits ein Jahr später die ersten Wohnhäuser seiner später so berühmt gewordenen Erziehungsanstalt gebaut.

Am 19. Juni speist Goethe mit dem Hof im Schloß Friedrichsthal. Frau von Frankenberg und auch die jungen Söhne des Herzogspaars sind zugegen. Den Abend verbringt er mit der Herzogin und Prinz August. Es ist, niemand ahnt es, auch er selbst vielleicht noch nicht, ein Abschiedsabend.

Keine drei Monate später, am 3. September 1786, bricht er heimlich von Karlsbad in Richtung Italien auf. Nach einem halben Jahr jener Brief aus Neapel mit der eingangs bereits zitierten Liebeserklärung an die Höfe in Gotha und Weimar und sein Anerbieten, ihnen dienstbar zu sein. In Sizilien ruft die Landschaft um Girgent Erinnerungen wach: *Übrigens hat die Gegend viel ähnliches mit deutschen bürgerlichen und fruchtbaren Gegenden z. B. mit zwischen Erfurt und Gotha wenn man nach den Gleichen hinsieht*, notiert er am 28. April 1787 in Caltanisetta.

Am 18. Juni 1788 kommt Goethe wieder in Weimar an. *Er ist seit dem 18. abends um zehn Uhr mit dem Vollmonde hier*, Herder an Knebel. Bereits am 22. Juni trifft der Gothaer Prinz August in Weimar ein, offenbar neugierig auf die Italien-Erlebnisse des Rückkehrers, die er mit den seinen bei seiner zweimaligen *Wallfahrt nach Italien* vergleichen und mit ihm auszutauschen gedenkt.

Als ein Liebeserfahrener kehrt Goethe aus Italien zurück. Ende Januar 1788 ist er in Rom eine Beziehung zu einer jungen Frau eingegangen. Zur Seelenliebe tritt die Sinnenliebe. Die Erfahrung der *Ganzheit*, der körperlichen Liebe; *von anmutigen Spazirgängen* berichtet er Carl August, daß die Liebe *das Gemüt erfrischt und den Körper in ein köstliches Gleichgewicht bringt.* Seine römischen Glückserfahrungen setzt er in Weimar mit der jungen Christiane Vulpius fort. Anfang Juli 1788 lernt er sie kennen. Lebenslang werden die beiden den 12. Juli als den Beginn ihres Liebesbundes feiern.

Am 4. September teilt Goethe Herder mit: *Prinz August ist gekommen, mit dem ich vielleicht die nächste Woche nach Gotha gehe.* Vorerst aber reist er nach Kochberg und Rudolstadt. Dort findet am 7. September die erste Begegnung mit Friedrich Schiller statt. Zurückgekehrt nach Weimar, fährt er am 10. September mit dem Prinzen nach Gotha. Das Fourierbuch vermerkt: *Serenissimus ließen Herrn Geheimrat von Goethe das Logis bei Hofe offerieren, welches Sie auch annahmen, und haben auf der Steingallerie 5 und 6 logiert.*

Goethe hat viel über seinen Italien-Aufenthalt zu erzählen, und er setzt sich bei dem kunstliebenden Herzog für seine dortigen Malerfreunde ein. Über Tischbein berichtet er Meyer am 19. September: *Der Herzog von Gotha, welchen ich gesprochen, ist gegen ihn sehr gut gesinnt und disponirt.* (Noch weiß dieser nichts von Tischbeins Undankbarkeit seinem Gönner gegenüber.) Auch für den Maler Christoph Heinrich Kniep, seinen sizilianischen Reisegefährten, der in Goethes Auftrag Landschaften und Ereignisse zeichnerisch festhielt, spricht er. *Ich habe Ihre Zeichnungen* – von Neapel, Paestum und Sizilien – *an mehreren Orten gezeigt und Sie ... empfohlen, daß ich Ihnen sogleich eine ansehnliche Bestellung ankündigen und Ihnen auf einige Jahre Arbeit vielleicht verschaffen kann.*

Von Gotha bin ich zurück mit dem Herzog und der Herzogin gekommen, welche nach Dessau gingen, so Goethe am 19. September an seinen Fürst. *Ich habe drüben gute Stunden gehabt, auch ist mein Aufenthalt daselbst in mehr als einem Sinne fruchtbar gewesen.* Zum einen bezieht sich das auf die Vollendung von »Künstlers Apotheose«, was sein Brief auch am Schluß vermerkt: *›Künstlers Apotheose‹ ein Pendant zu ›Künstlers Erdenwallen‹ im Puppenspiel ist in Gotha fertig geworden.* Zum anderen geht es wohl um seinen Einsatz für die italienischen Künstlerfreunde Tischbein und Kniep.

Und darüber hinaus um die Unterstützung der Familie Balsamo. In Palermo hatte man Goethe erzählt, daß der berühmt-berüchtigte, in Frankreich unter Anklage stehende Graf von Cagliostro mit dem in Sizilien unter dem bürgerlichen Namen Giuseppe Balsamo Geborenen identisch sei. Goethe sucht einen Rechtsgelehrten auf, der ihm den Stammbaum der Familie Balsamo vorweist und ihn davon überzeugt, daß Balsamo und Cagliostro ein und dieselbe Person sind. Goethe erfährt, daß Cagliostros Mutter, seine Schwester und andere Verwandte noch in Palermo leben. Neugierig geworden, bittet er, mit ihnen bekannt gemacht zu werden. Unter dem Vorwand, Grüße vom Sohn zu überbringen, besucht er sie, erlebt betroffen ihre völlige Armut; seine aus Neugier entsprungene Unaufrichtigkeit beschert ihm ein schlechtes Gewissen – von *palermitanischen Sünden* spricht er dem Gothaer Herzog gegenüber –, und er wünscht, die Familie finanziell zu unterstützen. Der Herzog stellt dafür großzügig einen einmaligen Geldbetrag zur Verfügung. Goethe schickt anonym *400 Livre de France* nach Palermo; die Schwester Cagliostros, alias Giuseppe Balsamo, quittiert die Summe. Goethe ist Ernst II. dankbar, schreibt ihm am 8. November 1788: *Für den ansehnlichen Beitrag zu Abbüßung meiner palermitanischen Sünden danke ich unterthänigst.* Und weiter: *Den aufrichtigsten Dank für die gnädigen Merkmale Ihrer Gesinnungen! Es ruht ein großer Theil meines Glückes auf der Gnade, die mir Ew. Durchl. schenken. Ich habe mich nie auf den kleinen Handel verstanden, wodurch in der Welt soviel ausgerichtet wird, desto erfreuter und beschämter bin ich, wenn ich mich eines so großen Kapitals unverdienter Weise versichert sehe ... Wenn die Muskellehre in Jena durchgearbeitet ist, wünschte ich nichts so sehr, als auf dem Friedensteine unter Ew. Durchl. Auspiciis und der*

Anleitung des Herrn Döll die Natur und die Antike einmal wieder recht ernstlich anzusehen. Vielleicht wird es mir nach dem neuen Jahre so wohl.

Goethe spielt auf die Gothaer Antikensammlung an. Bereits 1784 ist von *Gyps Abgüsse⟨n⟩* die Rede.

Monate später, noch vor *dem neuen Jahre*, nochmals eine Reise nach Gotha, zusammen mit Carl August. Ob man diesen Aufenthalt vom 30. November bis 4. Dezember 1788 *Natur* und *Antike* widmet, ist nicht überliefert. Aber eine andere wichtige Entscheidung fällt in Gotha. Goethe setzt sich für die Ernennung Friedrich Schillers zum außerordentlichen Professor der Jenaer Universität ein. In umständlichem Amtsdeutsch berichtet er darüber dem Geheimen Consilium. *Endesunterzeichner* (Goethe) *hat hierauf* (Voigts Schreiben, über Schillers Bereitschaft, eine Professur anzunehmen), *da es in Gotha Gelegenheit gab von Akademischen Sachen zu sprechen, sowohl Serenissimo nostro* (Carl August) *et Gothano* (Ernst II.) *als auch Herrn Geheim Rath v. Frankenberg die Eröffnung getan und der Gedanke ist durchgängig gebilligt worden, besonders da diese Acquisition ohne Aufwand zu machen ist.* Dieser letzte Halbsatz enthält die Bitterkeit für Schiller, er wird nicht als ordentlicher, sondern nur als außerordentlicher Professor ohne festes Gehalt berufen, seine Einnahmen bestehen lediglich aus den Kolleggeldern der Studenten. *Man hat mich hier übertölpelt,* schreibt er enttäuscht.

Im Sommer des Jahres 1789 weilt Goethe, wiederum mit Carl August, in Gotha. Die beiden kommen aus dem Thüringer Wald, aus Ruhla. Das Fourierbuch vermerkt am 15. August: *Nachmittags sechs Uhr trafen Serenissimus von Weimar auf dem Friedenstein ein. Unser gnädigster Herzog fuhren Serenissimo von Weimar entgegen und beide Durchlauchtigsten Herzöge kamen mit Herrn Geheimrat von Goethe in Serenissimi Wagen.*

Die Vorgänge im revolutionären Frankreich erhitzen die Gemüter. Im Juli die Erstürmung der Bastille in Paris. Die starke Affinität des Gothaer Herzogs und seines Bruders zu den Vorgängen in Frankreich.

Besonders Prinz August vertritt bereits vor 1789 radikaldemokratische Positionen. Seine Beiträge im zwischen 1781 und 1784 handschriftlich verbreiteten »Tiefurter Journal« belegen es. Er verteidigt dort die französischen Aufklärer, insbesondere den vom Tiefurter Kreis um die Herzoginmutter kritisierten Jean-Jacques Rousseau. Goethe an Charlotte über eine Arbeit des Prinzen: *Ich schicke Dir einen artigen Aufsatz über Rousseau. Er ist außerordentlich bescheiden bei sehr richtigem Gefühl und hat keine fürstlichen Queren.* Mit dem Ausbruch der Französischen Revolution stellt er sich auf die Seite der Befürworter, bekennt sich zu entschieden republikanischen Gesinnungen. Als Christoph Martin Wieland in seinem »Teutschen Merkur« König Ludwig XVI. verteidigt, hält ihm Prinz August die Unrechtmäßigkeit von dessen Thronanspruch entgegen. Die Aufklärung hat dem adeligen Geburtsprinzip das bürgerliche Leistungsprinzip entgegengesetzt und die religiöse Grundlegung der Gesellschaft in Frage gestellt; in diesem Sinne ist der Prinz von seiner Mutter, Herzogin Luise Dorothee, erzogen worden, er hat als Kind Voltaire in Gotha erlebt, hat ihn als junger Mann in Ferney besucht. Voltaire ist es wohl, der mit seinem Werk die erste Brandbombe auf das *Ancien régime* geschleudert hat.

Der regierende Herzog ist ebenso wie sein Bruder fasziniert von den Vorgängen in Frankreich. Ernst II. trägt sich nach dem französischen Volksaufstand, möglicherweise auch später unter dem Eindruck ihn abschreckender Ereignisse im Verlauf der Revolution, mit der Vorstellung, abzudanken und in die Vereinigten Staaten auszuwandern. Belege dafür: Streng geheim läßt er durch seine Hofbeamten auf dem fernen Kontinent Land erwerben; seine Wahl fällt auf den Bundesstaat Ohio, auf die Gegend um Montgomery im Hamilton County. Selbst der Entwurf eines Landhauses, geschaffen von dem Architekten Joseph Ramée, existiert in seinem Nachlaß. Auch eine Bibliothek, die mit ihm über den Ozean reisen soll, stellt er zusammen, läßt die Bücher in ein republikanisches Gewand einbinden; noch heute sind die Bände seiner *amerikanischen Bibliothek* an ihren graublauen Papp- und Papierumschlägen erkennbar.

Wieland und Herder gehen die revolutionären Gesinnungen der Hochadligen zu weit. Wie erst wird Goethe reagieren, dem bereits Herders Sympathien für die Ereignisse in Frankreich verdächtig sind, der der Französischen Revolution von Anfang an skeptisch, wenn nicht ablehnend gegenübersteht?

Und der Weimarer Herzog, der *die Überpflanzung neufranzösischer Grundsätze auf deutschem Boden* fürchtet? Wenig später wird er mit der preußischen Armee nach Frankreich ziehen, um die Anarchie zu beseitigen, um in Paris der Hydra der Revolution ihren Kopf abzuschlagen. Paris soll, heißt es im Manifest des Oberkommandierenden der Koalitionsarmeen vom 25. Juli 1792, *einer militärischen Exekution und einem gräßlichen Ruine preisgegeben werden.*

Möglicherweise klammert man in diesen Sommertagen 1789 auf Schloß Friedenstein die Politik aus den Gesprächen aus. Zu kontrovers sind die Standpunkte.

Vielleicht betrachtet man – um der Reflexion über die Ereignisse in Frankreich zu entgehen – Goethes neuestes Werk »Das Römische Carneval«. Ein schön ausgestattetes Buch mit 20 handkolorierten Bildtafeln, radiert von Georg Melchior Kraus nach Zeichnungen von Schütz. Bei dem Gothaer Buchhändler Ettinger ist es erschienen. Auf dem Umschlag der Erstausgabe, geschmückt mit einer Titelvignette von Heinrich Lips, steht in kleinen Buchstaben: *Berlin, gedruckt bey Johann Friedrich Unger.* Und groß darunter: *Weimar und Gotha. In Commission bey Carl Wilhelm Ettinger. 1789.*

Am 24. Januar 1789 ist – laut Knebels Tagebuch – das Manuskript abgeschlossen. *Mittags bey Goethe. KARNEVAL VON ROM gelesen.* Am 12. Mai 1789 bereits hat es der Weimarer Herzog druckfrisch erhalten: *Hier schicke ich die Beschr⟨eibung⟩ des Römischen Carnevals.* Nun vielleicht als Geschenk dem Gothaer Herrscher überreicht.

Oder man zieht sich auf naturwissenschaftliches Terrain zurück. Goethe beschäftigt sich zu der Zeit mit optischen Phänomenen, mit Refraktion, der Brechung von Lichtstrahlen. Hier fände er kompetente Gesprächspartner, neben Ernst II. auch den seit über dreißig Jahren im gothaischen Staatsdienst tätigen Physiker Ludwig Christian Lichtenberg, der sich vornehmlich mit Gewitterelektrizität beschäftigt und für Ernst II. in einem ausgewählten Kreis bei Hofe Physikvorlesungen hält, unter anderem – wie aus seinen Manuskripten hervorgeht – über Optik.

Ein Beleg für ein solches Gespräch könnte die heute in der Kunstsammlung der Veste Coburg aus dem Besitz der Gothaischen Herzöge stammende Handschrift Goethes sein. Auf die Innenseite des hinteren Vorsatzes eines Kalenders für das Jahr 1789 hat er den kleinen Text »Die Kraft, Farben hervorzubringen« notiert; möglicherweise ist es der früheste Text zu Goethes »Farbenlehre«. Auf der Außenseite des Kalenders befindet sich eine Skizze von ihm zur Erklärung des Phänomens der Refraktion. Gut vorstellbar, Goethe, bedrängt von seinen neuen Erkenntnissen und immer zur Aufklärung anderer bereit, unterhält die herzogliche Gesellschaft in jenem Sommer 1789 damit. Wie sonst könnten Text und Zeichnung in den Besitz des Prinzen oder des Herzogs gelangt sein?

7

Zurück in Weimar, wendet sich Goethe wieder seiner achtbändigen, bei Göschen in Leipzig erscheinenden Werkausgabe zu. Am 16. Februar 1788 berichtet er, noch in Rom, dem Herzog: *Nun steht mir fast nichts als der Hügel Tasso und der Berg Faustus vor der Nase.* Nach dem langen Italienurlaub stellt ihn Carl August großzügig nochmals bis Anfang 1790 frei – wiederum bei fortgezahltem Gehalt –, damit er seine Dramen vollenden kann. Goethe lebt im Sommer und Herbst 1788 zurückgezogen, arbeitet am »Tasso«. Am 22. September berichtet er Herder: *Mein achter Band ist in Ordnung ... Nun bin ich am Tasso, der auch vorrückt ...* Am 3. Oktober heißt es: *Ich lebe jetzt wie eine Schnecke, eingezogen im Haus.* Am 25.: *Ich bin hier fast ganz allein. Jedermann findet seine Convenienz sich zu isoliren.*

Er arbeitet. Und verbringt Liebesstunden mit Christiane Vulpius. Für ein dreiviertel Jahr gelingt es den beiden, ihre Beziehung geheim zu halten. Im Frühjahr 1789 aber wird das Verhältnis öffentlich. Die einstige Freundin Charlotte ist in ihrer Weiblichkeit tief verletzt; ein *Geschöpf aus der Weimarischen Armuth,* eine junge Frau, halb so alt wie sie. Goethes Bemühungen, mit beiden, der Seelenfreundin und der Sinnenfreundin, zu leben, scheitern. Der Bruch mit Frau von Stein ist unausweichlich.

Am 28. August 1789, an seinem 40. Geburtstag, beendet Goethe die Arbeit an seiner Werkausgabe. In jenen Sommertagen weiß er längst, daß er Vater werden wird. Getuschel, Münderzerreißen darüber in Weimar. Empörung. Ein Zusammenleben ohne kirchlichen Segen. *Die Vulpius habe alles verdorben,* so der Herzog. Ende November 1789 muß Goethe das repräsentative Haus am Frauenplan räumen; es ist eine Strafmaßnahme gegen die freie Liebe, in der er lebt. Carl August verweist ihn ins Jägerhaus vor die Tore der Stadt, stellt ihm und der hochschwangeren Christiane Vulpius je eine Wohnung zur Verfügung.

Am 25. Dezember wird das Kind der beiden geboren, ein Sohn, August mit Namen; eine Reverenz an den Herzog, der auch als Pate gewünscht wird.

Vom 19. bis 21. Januar 1790 ist Goethe wiederum in Gotha. Sein Tagebucheintrag: *War ich in Gotha und Erfurt.* Das Fourierbuch von Schloß Friedenstein vermerkt: *Auch haben der Herr Geheimrat einen Baumeister aus Hamburg namens Arens mitgebracht.* Johann August Arens leitet in Weimar den Wiederaufbau des nach einem Brand zerstörten Schlosses. In Erfurt soll er für Carl Theodor von Dalberg die *Facade zu dem Stutterheimischen Gebäude* (Residenz des kurmainzischen Statthalters in Erfurt) *zeichnen*, in Gotha hat *der Herzog einen Riß zu einem kleinen Gartenhaus von ihm begehrt.*

Nach der Rückkehr schickt Goethe am 23. Januar einen Brief in die Nachbarstadt, er ist nicht überliefert.

Zwei Tage später geht – laut Ausgabenbuch – eine Postsendung dorthin. Am 6. Februar dann das Manuskript »Versuch die Metamorphose der Pflanzen zu erklären«. Von einem *endlich ... mühsam ausgearbeitete⟨n⟩ Werkchen* spricht Goethe Knebel gegenüber, das versuche, die *mannigfaltigen besondern Erscheinungen des herrlichen Weltgartens auf ein allgemeines einfaches Prinzip zurückzuführen.*

Das Botanikon in Buchhändlers Hände geliefert, heißt es am 6. Februar an Carl August. Wiederum ist es der Gothaer Verleger und Buchhändler Ettinger, dem Goethe den Druck anvertraut. Der »Versuch die Metamorphose der Pflanzen zu erklären« ist seine erste naturwissenschaftliche Publikation. *Ostern betret ich auch die Bahn der Naturgeschichte als Schriftsteller; ich bin neugierig was das gelehrte und ungelehrte Publikum mit einem Schriftchen machen wird, das über die Metamorphose der Pflanzen einen Versuch enthält*, schreibt er am 3. März 1790 an Jacobi. Pünktlich zur Ostermesse erscheint die Erstausgabe: *J. W. von Goethe Herzoglich Sachsen-Weimarischer Geheimraths ›Versuch die Metamorphose der Pflanzen zu erklären‹. Gotha, bey Carl Wilhelm Ettinger. 1790.*

Goethes Briefe an Carl August, eigene Arbeiten und Angelegenheiten des Fürstentums reflektierend, enthalten zuweilen sehr intime Details. Im Brief vom 6. Februar 1790 zum Beispiel teilt er seinem Freund mit, daß er wieder mit Christiane schläft. *Mit Vergünstigung der Göttin Lucina* (Juno als Göttin der Geburt) *hat man auch der Liebe wieder zu pflegen angefangen*, heißt es da. Auch im Brief vom 18. Februar ist davon die Rede, daß er *selten alleine schläft*. Und über das Söhnchen gibt er dem Herzog Auskunft: *Der kleine Pathe wird mager, die Frauen sagen aber: bey dieser Diät* (Christiane konnte nicht stillen) *geschehe es so. Biß in die zwölfte Woche müsse man Geduld haben.*

In diese offenbar einerseits sehr glückliche, andererseits durch die Verbannung vor die Tore der Stadt und die ungewohnte Dreisamkeit angespannte Zeit fällt Carl Augusts Bitte, Goethe möge die Herzoginmutter auf ihrem Weg von Italien nach Deutschland zurückbegleiten. Der Favorit ist sofort bereit.

Aus den veranschlagten vier Wochen wird jedoch ein Vierteljahr, vom 13. März bis 18. Juni 1790 ist er abwesend. In Venedig wartet er auf Anna Amalia. Seiner *Liebe zu Italien* werde *durch diese Reise ein tödtlicher Stos versetzt*, heißt es an Carl August. Und: *Ich bin ganz aus dem Kreis des Italiänischen Lebens gerückt*, er wünscht sich *Erlösung aus diesem Stein- und Wasserneste*. Er sehnt sich, wie er Johann Gottfried Herder und dessen Frau gesteht, nach Hause, nach Christiane, seinem *zurückgelassenen Erotio und zu dem kleinen Geschöpf in den Windeln*.

Kaum zu Hause, erreicht ihn erneut eine Anforderung seines Fürsten, er soll ihn auf einem Feldzug nach Schlesien begleiten, an dem Carl August als preußischer Generalmajor teilnimmt. Ablehnen kann er nicht. Am 22. Juni schreibt er: *Die Einladung ins Lager* (nach

Schlesien) *ist mir sehr erfreulich. Ich werde alles einrichten um bald abgehen zu können. Manches möchte ich nicht unvollendet laßen.* Widerwillig, aber stets die Wünsche seines Mäzens respektierend, bricht Goethe am 26. Juli auf. Erst am 6. Oktober 1790 ist er zurück.

Gotha und sein Hof scheinen in weite Ferne gerückt. Nach anderthalbjähriger Pause notiert er am 1. Juli 1791: *In etwa acht Tagen will ich den Coadjutor* (Herrn von Dalberg in Erfurt) *besuchen, auf Gotha gehen, wohin ich gestern eine erneute Einladung erhalten habe.*

Am 18. Juli trifft er in Gotha ein, am 30. verläßt er die Stadt. Eine ungewöhnlich lange Zeit, nahezu zwei Wochen, verweilt er am Hof.

Vermutlich sind es die bereits 1785 in einem Brief erwähnten *phisikalische⟨n⟩ Instrumente* des Herzogs, die ihn fesseln. *Mein Gemüth treibt mich mehr als jemals zur Naturwissenschaft*, bekennt er; er beschäftigt sich weiterhin mit optischen Phänomenen, mit der Theorie des Lichts, der Schatten und der Farben. Er nimmt Kontakt zu Georg Christoph Lichtenberg in Göttingen auf, tritt mit dem Naturforscher Samuel Thomas Sömmerring in Verbindung.

Am 8. Juli gesteht er Carl August: *Ich habe mir durch das Optische Studium eine große Last aufgeladen.* Er verfaßt eine Abhandlung, zu der *etwa dreysig Tafeln dazu gehören die ich auf einzelnen Kartenblättern liefern* muß. Es sind die »Beiträge zur Optik. Erstes Stück«.

Während der Niederschrift der Aufenthalt in Gotha.

Er nutzt die Tage zu optischen Experimenten im naturwissenschaftlichen Kabinett des Herzogs. Am 6. August heißt es an Fritz von Stein, daß er sich *des physikalischen Apparats des Herzogs mit großem Nutzen bedient habe und recht weit vorwärtsgekommen* sei. Prinz August fühlt sich zurückgesetzt, dennoch berichtet er Herder heiter: *Unser Goethe ist noch hier und erst gestern ward mir von ihm zu Farbenversuchen eines künstlichen Regenbogens eine alte Schlauchspritze vorgezogen, als ich seinen freundlichen Besuch erwartete.*

Goethe scheint in seinem Element zu sein. In der 1809/10 veröffentlichten »Farbenlehre« wird er sich dankbar der Unterstützung des Nachbarhofes erinnern: *Der Herzog Ernst von Gotha,* schreibt er, *eröffnete mir sein physikalisches Kabinett, wodurch ich die Versuche zu vermannigfaltigen und ins Größere zu führen instandgesetzt wurde. Der Prinz von Gotha verehrte mir aus England verschriebene köstliche, sowohl einfache als zusammengesetzte, achromatische Prismen.*

Die Abende im Sommer 1791 verbringt Goethe – laut Fourierbuch von Schloß Friedenstein – mit Herzogin Charlotte Amalie, die wieder krank ist und das Zimmer nicht verlassen kann. Der anregende Kreis des Buchwald-Salons existiert nicht mehr; Franziska von Buchwald ist am 19. Dezember 1789 im hohen Alter von zweiundachtzig Jahren gestorben.

Vielleicht findet Goethe neue Gesprächspartner, so in Generalsuperintendent Löffler, dem Nachfolger von Koppe. Oder in Hofrat Adam Weishaupt. 1776 hat er den Illuminatenorden gegründet, der, weit verbreitet, zeitweise 2000 Mitglieder umfaßte. Nach dem Verbot 1785 verliert Weishaupt sein Lehramt an der Universität Ingolstadt. Ernst II., der den Freimaurern sowie den Illuminaten nahesteht, bietet Weishaupt Asyl, der 1787 nach Gotha übersiedelt.

Am 22. Juli trägt Prinz August in seinem Schreibkalender ein: *Nach Tisch war ich mit meinem Bruder und Herrn v. Goethe in Friedrichswerth.* Goethe erlebt das von Jeremias Tütleb Ende des 17. Jahrhunderts im französischen Stil erbaute Schloß, den Garten mit den vielen Skulpturen. Am 30. Juli heißt es dann: *Abreise des Herrn von Goethe nach Weimar, nach einem Aufenthalt von ungefähr 14 Tagen.*

Auch mit Minister Frankenberg hat Goethe in diesen Sommertagen ganz gewiß Kontakt. Briefe an ihn sind in der Folgezeit in Goethes Ausgabenbuch oder in seinem Briefverzeichnis überliefert, so am 9. Februar und 24. Mai 1791; sie sind, wie eine Reihe von Briefen an Prinz August, nicht erhalten.

1792 erscheint im Weimarer Industrie-Comptoir Goethes Arbeit »Beiträge zur Optik, Erstes Stück mit 27 Tafeln«. Wiederum ein Schritt auf der *Bahn der Naturgeschichte als Schriftsteller.*

In den »Gothaischen gelehrten Zeitungen«, *Sieben und siebenzigstes Stück, den 26ten September 1792,* wird das Werk besprochen. Zunächst Lob: Der *Verfasser, der dem Publikum schon durch seinen Versuch über die Metamorphose der Planzen einen Beweis gegeben hat, mit welchem Erfolg er auch andere Pfade, als denjenigen, auf welchem er vorher zum Tempel der Unsterblichkeit gedrungen war, zu betreten wisse, zeigt sich hier wieder auf einem neuen von beyden ganz verschiedenen Wegen.*

Dann der Einwand: Die Hinwendung zur Optik sei *um so unerwarteter und befremdender,* da diese *der Phantasie einen viel kleinern Spielraum, als ihr vielleicht noch in der Botanik offensteht, verstattet, wo Witz und Scharfsinn ohne tiefere Einsicht in die Rechenkunst unnütz werden, und die durch die anstrengenden Bemühungen der größten Männer zu einer Vollkommenheit gebracht ist, deren Kenntnis einen vieljährigen Fleiß erfordert.*

Der Hinweis auf die *Rechenkunst*. Daß Goethe jegliches Messen und Rechnen verabscheut, ist bekannt. Im Mai 1786 schreibt er Charlotte von Stein: *Algebra ist angefangen worden.* Tage später schon heißt es dazu: *ich werde es zu meinem Wesen nicht brauchen können.*

Wir erinnern uns seines im Brief vom 27. Dezember 1780 an den Gothaer Herzog formulierten Grundsatzes: daß in der naturwissenschaftlichen Arbeit der *anschauende Begriff dem wissenschaftlichen unendlich vorzuziehen ist.* Auch bei seiner Arbeit zur Optik beruft er sich auf das Prinzip der *reinen Erfahrung.*

Dies nun greifen die »Gothaischen gelehrten Zeitungen« an. Ausführlich werden Goethes optische Versuche nachvollzogen. Zum Ende wird Einspruch gegen seine Schlußfolgerung erhoben, *daß er die vergeblichen*

Bemühungen gesehen hätte, das Phänomen aus der bisherigen Theorie zu erklären.

Sollte die Schuld hier von wohl an der Theorie liegen? fragt der anonyme Rezensent sarkastisch, um schließlich die Arbeit dem Bereich des Amateurhaften zuzuordnen. Die Besprechung endet mit dem vernichtenden Satz: *Kenner werden also hier nichts Neues finden, und denjenigen, welche sich mit der Sache erst bekannt machen wollen, möchten wir diese Beyträge nicht zum Führer empfehlen.*

Das ist kränkend und hart, Goethe ist enttäuscht, daß ihm gerade aus dem naturwissenschaftlich so engagierten Gotha ein solch kalter Wind entgegen weht; ohne auf die Argumente des Kritikers einzugehen, schreibt er: mit *schlechtem Dank und hohlen Redensarten der Schule* sei seine Arbeit *beiseite geschoben* worden. Zeigt sich bereits hier Goethes Überempfindlichkeit, die zeitlebens im Hinblick auf Kritik an seiner »Farbenlehre« zu beobachten ist?

Wer mag der Verfasser des anonym erschienenen Artikels sein? Der Weimarer Karl August Böttiger, immer zu Schmähreden bereit, überliefert, Goethes »Optische Beiträge« hätten bei *Kennern z. B. bei Herrn von Zach in Gotha viel Achselzucken, und bei den Spöttern bonmots* erregt.

Franz Xaver von Zach, Mathematiker und Astronom, seit drei Jahren im gothaischen Staatsdienst tätig, vom Herzog mit dem Entwurf und der Ausführung einer Sternwarte beauftragt, wird im November 1789 als korrespondierendes Mitglied der Göttinger »Königlichen Gesellschaft der Wissenschaften« aufgenommen. Eine steile Karriere. Ob Goethe Zachs Wirken von Anfang an verfolgt, ist fraglich. Belegt sind persönliche Begegnungen erst 1797 in Weimar und 1801 in Gotha. Späteren Äußerungen Goethes ist zu entnehmen, wie sehr er Zach schätzt. Oder auch fürchtet? Noch 1826 wird er über ihn schreiben: *Er ist wirklich ... Herr der ganzen Meßwelt, bestätigt und verwirft, theilt Ehren, Würden und Schmach unwiderruflich aus.*

In das Jahr 1792 fallen zwei kurze unfreiwillige Aufenthalte Goethes in Gotha. Wiederum eine Bitte seines Fürsten, nun die, an der Intervention der preußischen Armee gegen das revolutionäre Frankreich teilzunehmen. Bereits am 22. Juni bricht Carl August zu seinem Regiment nach Koblenz auf. Später wird er Goethe loben, *aus wahrer, persönlicher Anhänglichkeit an meine Person* habe er ihn *auf dem Feldzuge in Frankreich begleitet.*

Goethe kann schwer ablehnen; es winkt zudem der Umzug aus den Jägerhäusern zurück an den Frauenplan. Entschlossen und taktisch geschickt engagiert er sich in dieser Sache. Carl August wird das Haus käuflich erwerben. Drei Jahre nach der Strafversetzung vor die Tore, kehrt Goethe Ende Juni 1792, mit seiner Geliebten und dem Sohn, in das repräsentative Stadthaus zurück. 1794 schenkt ihm der Herzog das Haus, stellt aber erst 1801 die Schenkungsurkunde aus, und noch bis 1806 zahlt die Herzogliche Kammer die Steuern. Auch Goethes Freund aus römischen Tagen, Johann Heinrich Meyer, Kunstberater, Mitarbeiter, Freund und enger Vertrauter des Hausherrn, zieht mit ein.

Am 12. Juli Goethes Tagebucheintrag: *Mittags mit Wieland an der Fürstlichen Tafel; Besuch Prinz August von Gotha.*

Dem Abschiednehmenden fällt es schwer, Christiane und den Sohn zu verlassen. Am 8. August bricht er auf, begleitet von seinem Diener Götze. Und von Meyer, der ihm bis Gotha Geleit gibt. *Gleich in Erfurt* sei er, schreibt er Christiane, im Gasthaus *von Wanzen gequält worden.* Die nächste Übernachtung in Gotha im »Mohren«. Der Abschied von Meyer. Die Weiterreise nach Frankfurt. Von dort heißt es am 18. August an Jacobi: *Gegen mein mütterlich Hauß, Bette, Küche und Keller wird Zelt und Marquetenterey übel abstechen, sonders da mir weder am Todte der Aristocratischen noch Democratischen Sünder im mindesten etwas gelegen ist.*

Es werden schlimme Wochen für ihn. Vor Valmy bringt das französische Sansculottenheer die preußische Armee zum Stehen und zwingt sie zu einem überstürzten, schmählichen Rückzug; ... *es regnet unaufhörlich. Alles schilt auf den Jupiter Pluvius, daß auch er ein Jakobiner geworden*, schreibt Goethe am 27. August nach Weimar. Und am 10. Oktober: *Wir haben in diesen sechs Wochen mehr Mühseligkeit, Noth, Sorge, Elend, Gefahr ausgestanden ... als in unserm ganzen Leben.* Am Abend des 6. November erreicht er Düsseldorf, er ist außer Gefahr, ist den *Trümmern, Leichen,*

Äsern und Scheishaufen entkommen. (Die literarische Darstellung seiner Kriegsabenteuer wird er erst dreißig Jahre später unternehmen, dann jenen Satz formulieren, den er in Valmy angesichts der Kanonade der Sansculotten gesagt haben will: *Von hier und heute geht eine neue Epoche der Weltgeschichte aus, und ihr könnt sagen, ihr seid dabei gewesen.*)

Düsseldorf ist mit französischen Emigranten überfüllt. Goethe begegnet Baron Melchior von Grimm, er notiert: *Herr von Grimm und Frau von Bueil* (die Enkelin von Madame d' Epinay, einer Freundin von Rousseau und Grimm) *gehn mit ihren beiden kleinen Töchtern nach Gotha.*

Auch auf der Weiterreise findet er mit Emigranten überfüllte Wirtshäuser. In Dülmen nächtigt *er auf einem Stuhle in der Wirtsstube.* Die nächsten Tage und Nächte verbringt er im Haus der Fürstin Gallitzin. Am 12. Dezember ist er in Paderborn, am 13. in Kassel, am 15. Dezember, einem Samstag, erreicht er Gotha.

Herzogin Charlotte Amalie berichtet: *Goethe ist gegen Abend hier beim Prinzen angekommen ... ich sahe ihn bei mir von 7 uhr bis 9, allein er erzählte nicht das geringste neue, die Lust am Batallieren ist ihm vergangen.*

Spricht eine leise Ironie aus den Zeilen? Der leidenschaftliche Enthusiasmus der Herzogin für die Sache der Franzosen. Die Büsten der frühen Führer der Revolution *von Baily und Lafayette an bis zum Direktorat* stünden in ihren Gemächern, überliefert ein Zeitgenosse, ein anderer, sie habe sich mit den *Gewalttätern* umgeben. Für Goethe, der aus dem Kampfgebiet kommt, gehört sie vielleicht zu den *müßigen Zuschauern*, daher sein Schweigen.

Er nächtigt an jenem 15. Dezember im Palais des Prinzen; *er blieb die Nacht bey ihm*, so die Herzogin. Und: *Goethe ging diesen Morgen sehr früh von hier ab, mit Geheimrat v. Frankenberg nach Erfurt.*

In Erfurt findet, laut Bericht des Weimarer Ministers von Fritsch an das Geheime Consilium, eine offizielle Beratung der benachbarten Fürstentümer statt: *die zwischen dem Sachsen-Gothaischen Geheimen Rat v. Frankenberg und mir, dem Geheimen Rat v. Fritsch, verabredete Zusammenkunfft zu Erfurt und zwar im Beyseyn des Geheimen Rats v. Goethe, würklich für sich gegangen ... daß die Stellung des Contingents zu der zu errichtenden Reichsarmee loßzukommen seyn möchte ... den einstimmigen lauten Wunsch des ganzen Landes.* In Goethes Gegenwart werden von den höchsten Staatsdienern der beiden Fürstentümer heilsame praktische Schritte zur Truppenreduzierung und Minimierung der Verpflichtungen dem Reich gegenüber beraten. Die Interventionskriege kommen die kleinen Länder teuer zu stehen. Minister Frankenberg, der ab 1793 in Gotha das Obersteuerkollegium leitet, versucht, durch Sparsamkeit in der Hofhaltung, bei den Militärausgaben und der Reduzierung der finanziellen Verpflichtungen gegenüber dem Reich bzw. Preußen die wirtschaftliche Situation stabil zu halten. Aber eine Erhöhung der Steuern bleibt für die Bewohner nicht aus; so wird im Gothaer Fürstentum infolge des Invasionskrieges in Frankreich eine *Einmietsteuer* erhoben, eine *Hundesteuer* eingeführt und die *Steuerfreiheiten für Anleger von Gemüsegärten* aufgehoben.

Mit v. Fritsch nach Weimar, notiert Goethe.

Und Voigt berichtet über die Ankunft: sie *gab Anlaß zu einer Familienszene, welche wohl in irgendeinem Roman die tiefste Finsternis erhellen würde*. Goethe dagegen notiert lakonisch: *habe die Meinigen wohl und mein Haus auf das rohste eingerichtet gefunden.*

Winter und Frühjahr 1793 verbringt Goethe reiseüberdrüssig in Weimar. Er gestaltet den repräsentativen Empfangsbereich seines Hauses, die breite Treppe mit der geringen Tritthöhe, die zu einem gemessenen Schritt zwingt und an deren Ende den Besucher das *Salve* empfängt. Er organisiert und überwacht zudem für Carl August den Bau des Römischen Hauses im Ilmpark. Er entwirft ein Revolutionsdrama, »Die Aufgeregten«, das er nicht vollendet, schreibt am »Reineke Fuchs«, sorgt für die Uraufführung seiner Revolutionskomödie »Der Bürgergeneral« in Weimar und nimmt seine Arbeit am »Wilhelm Meister« wieder auf.

Da droht bereits eine erneute Kriegsteilnahme. In Briefen vom 18. Februar und 24. März wünscht Carl August, Goethe möge ihn zur Belagerung des jakobinischen Mainz ins Feldlager nach Marienborn begleiten. Christiane ist wieder schwanger, im November soll das Kind zur Welt kommen. Goethe zögert seine Abreise hinaus, wie man einem Brief Karoline Herders entnehmen kann. Am 12. Mai schreibt sie: *Goethe ist endlich heute doch noch zum Herzog abgereist, mit unsren Wünschen und unsere⟨r⟩ Liebe begleitet.*

Wieder übernachtet er in Gotha nicht im Schloß, sondern im Palais des Prinzen August. *Goethe ist bei mir abgestiegen*, berichtet dieser Herder. *Wir haben schon viel Tollheiten geredet, und das hält Leib und Seele zusammen.*

Welche *Tollheiten* mögen es sein? Ist es Goethes Stück »Der Bürgergeneral«, das Prinz August scharf angreift, sowohl in dramaturgischer als auch in politischer Hinsicht? Anonym ist es nach Gotha gelangt, der Prinz vermutet den Philosophen Kant als Verfasser, tut sich also mit seiner Kritik keinen Zwang an.

Oder sind es die politischen Differenzen der beiden? Prinz August hat bereits die Intervention der europäischen Feudalmächte gegen das aufrührerische Frankreich als schweren Mißgriff verurteilt, obgleich auch das Gothaer Fürstentum dafür Truppenkontingente zur Verfügung stellt. Zwar distanziert er sich von plebejisch-radikalen Entwicklungen, wünscht aber zugleich denen den Sieg, die die Revolution auf deutschen Boden hinübertragen: den Mainzer Jakobinern.

Goethe dagegen eilt nach Mainz, um Zeuge ihrer Niederlage zu werden. Am 28. Mai 1793 kommt er im Lager von Marienborn an. *Man schießt Tag und Nacht*, schreibt er am 29. an Christiane. Am 15. Juni dann: *Ich corrigire an Reineke und schreibe optische Sätze ...* Am 19. Juni beginnt das Bombardement auf Mainz. *Die Hälfte der schönen und wohlgelegenen*

Stadt mag nun wohl schon verbrannt seyn ..., heißt es am 3. Juli. *Die Situation der emigrierten Mainzer* sei *die traurigste von der Welt.* Am 22. Juli dann die Kapitulation und Übergabe der Stadt an die Belagerer. Goethe erlebt das völlig zerstörte Mainz und wird Zeuge schrecklicher Racheszenen an deutschen Jakobinern. In der »Campagne in Frankreich« schildert er, wie ein *Erzklubist* aus einem *Wagen* herausgerissen und *auf den nächsten Acker* geschleppt wird, man *zerstößt und zerprügelt ihn fürchterlich; alle Glieder seines Leibes sind zerschlagen, sein Gesicht unkenntlich.* Caroline Schlegel berichtet von Gefangenen auf der Festung Königstein, *welche durch deutsche Hände gingen,* die *geplündert, bis auf den Tod geprügelt worden waren.*

In der Haltung zur Mainzer Republik und zu Georg Forster, der führend an dem Revolutionsexperiment auf deutschem Boden beteiligt war, scheiden sich die Geister.

Nach Forsters Tod im Januar 1794 in Paris – *Ich habe ihn herzlich bedauert*, schreibt Goethe – erscheint im März in der Jenaer »Allgemeinen Literatur-Zeitung« ein respektvoller Nachruf. Carl August erhebt dagegen Einspruch. Eine Berichtigung muß verfaßt werden, zu deren Wortlaut auch Goethe herangezogen wird; in ihr wird die offizielle ablehnende Haltung des Herzogtums und seines Souveräns gegenüber den Anhängern der Französischen Revolution bekundet.

Lichtenberg in Göttingen, aufgefordert, über seinen Freund Forster zu schreiben, äußert in einem Privatbrief: *O wie gerne hätte ich ihm ein paar Bogen gewidmet, wäre ich noch das kinderlose und wegen der Zukunft unbekümmert frei denkende und frei schreibende Wesen, das ich damals war. Jetzt muß es beim frei Denken sein Bewenden haben.*

Heinrich Heine wird später das politische Klima charakterisieren: *Die Freiheitsfreunde hüllten sich seitdem in tiefes Schweigen ..., sie gingen traurig herum, mit gebrochenem Herzen, mit geschlossenen Lippen.*

Einer aber spricht. Obgleich er der autoritären Demokratie in Mainz reserviert gegenübersteht, wendet sich Georg Friedrich Rebmann, Jurist und Publizist, in seiner 1794 in Erfurt gegründeten politischen Zeitschrift in scharfer Form gegen die Verfolgung und Mißhandlung der Mainzer Jakobiner durch preußische Truppen und den Fürstbischof von Mainz. Es ergeht daraufhin ein Haftbefehl; Rebmann muß aus Erfurt fliehen.

In Gotha treffen die Gegensätze hart aufeinander. Hier erweist sich ein Bürgerlicher als besonderer Scharfmacher. Er sieht die *Irreligiosität* als Ursache der Revolution, die französische Aufklärung ist ihm *Inbegriff aller Irrtümer*. Vehement ergreift er für das *Ancien régime* Partei und überbietet damit die Position seines Landesherrn.

Es ist Heinrich August Ottokar Reichard (wir sind ihm bereits als Herausgeber des von Goethe geschmähten »Theaterkalenders« begegnet), Verfasser von Reisebüchern, Übersetzer und Herausgeber, vielseitig tätig, bereits zu Lebzeiten widersprüchlich beurteilt, als Trivialschriftsteller geschmäht. Ab 1793 gibt er einen »Revolutionsalmanach« heraus. Als die Herzogin Charlotte Amalie ihre vierzehn bestellten Exemplare erhält, gibt sie sie empört zurück, da der Almanach sich als Antirevolutionsjournal entpuppt.

Bereits 1790 läßt Reichard auf eigene Kosten Flugblätter drucken, die vor der Ausbreitung *neufränkischer Verhältnisse* warnen. 1792 verfaßt er einen »Aufruf eines Deutschen an seine Landsleute am Rhein«, schickt ihn mit der Post an die dortigen Staatsverwaltungen. Am 11. Januar 1794 legt der Gothaer Minister Frankenberg einem Brief an Goethe nach Weimar einen Artikel Reichards zur allgemeinen Bewaffung bei; darin fordert dieser, daß *Bürger und Bauern aus allen Reichskraysen an die Ufer des Rheins hinziehn und da auf die Franzosen warten, um sie totzuschlagen.*

Der selbstbewußte Reichard sendet sein Journal persönlich an Herrscher, erhält Anerkennungsschreiben und Geschenke; vom Kaiser aus Wien, vom sächsischen Kurfüsten, vom russischen General Suworow, vom Prinzen von Coburg, von Erzherzog Carl von Österreich; lediglich der König von Preußen antwortet nicht. Das Journal hat großen Erfolg; der Göttinger Verleger Dietrich ist zufrieden, von Jahr zu Jahr erhöht sich der Absatz, der Herausgeber erhält ein Honorar von 300 Talern, zudem Naturalien: Austern, geräuchertes Hamburger Rindfleisch, Hummer und andere Leckereien.

Reichard schürt die Angst vor der Ausweitung der

Umwälzungen auf deutsche Regionen, seine einseitigen Darstellungen schildern die Vorgänge in Frankreich als eine Serie von Bluturteilen, Mordtaten und Hinrichtungen unschuldiger Bürger.

Auch Gefahren, die angeblich vom Herzogtum Sachsen-Gotha-Altenburg ausgehen, benennt er. So berichtet er vom Setzen eines Freiheitsbaumes durch Gothaer Gassenjungen am 22. Februar 1794, von ihrem nächtlichen Tanz und ihren Plünderungen. Vom Auftreten eines *Vainqueur de la Bastille*, eines Bezwingers der Bastille, ist außerdem die Rede, der sein Unwesen in den thüringischen Dörfern unter Köhlern und Holzfällern treibe.

Reichard verlangt eine *strenge obrigkeitliche Zensur*, um Übergriffe auf deutschen Boden abzuwenden. Seine vereinfachenden Thesen und einseitigen Darstellungen, sein Gestus des Warners vor *Irreligiosität und Sittenverderbnis*, führen zur Konfrontation mit anderen Autoren, die in Zeitungen und Flugschriften für demokratische Positionen eintreten. So mit Rebmann, der sich zu den Ideen der Französischen Revolution bekennt, zugleich aber den Ausgleich mit den deutschen Fürsten durch eine vernunftgeleitete Politik und Reformen von oben sucht. Auch zu Salzmann, dem Leiter der von Ernst II. finanzierten Schnepfenthaler Erziehungsanstalt, gerät Reichard in Widerspruch. Salzmann fordert im »Boten von Thüringen«, die Fürsten mögen keine Gewalt gegen ihre Untertanen einsetzen, vielmehr die Ursachen der Unzufriedenheit beseitigen. Desgleichen zum Gothaer Autor und Herausgeber Rudolf Zacharias Becker, der bei einer Geburtstagsrede auf Ernst II. für die Neutralität des Militärs bei Volksaufständen eintritt.

Und der Herzog? Belegt ist, daß Ernst II. seit der *terreur*, den Septembermorden 1792, sich offiziell zunehmend von den Vorgängen in Frankreich distanziert und der Idee eines gemäßigten liberalen Fortschritts und des Konstitutionalismus das Wort redet. Oder vertritt er diese Position nur nach außen, in seiner Verantwortung als Landesherr? Steuert er damit vielleicht auch der Begeisterung für Frankreich in seiner unmittelbaren Umgebung entgegen: der seines Bruders, der der Fürstin, der Zachs?

Reichard spricht sogar von *Jakobinern* in Gotha. Er nimmt den Herzog aus, nicht aber die *Serenissima. Unsere Herzogin*, heißt es, *die – gewiß seltsam für eine deutsche Landesmutter! – gleich Herrn von Zach desto entschiedener auf die Seite der neufränkischen Republik trat.* Prinz August geht wohl am weitesten in seiner Befürwortung Frankreichs und der Mainzer Republik; er übernimmt sogar das mit der Revolution eingeführte Kalendarium; aber er befindet sich in äußerer und innerer Distanz zur praktischen Machtausübung. Auch der Gothaische Staatsrat Thümmel berichtet über den Kreis um den Herzog: *Sie waren meistens Anhänger der Französischen revolutionären Grundsätze, denen er nicht beypflichten konnte noch mochte.* Daß Thümmel und Reichard den Herzog ausnehmen, ihn *schonen,* kann Taktik sein, Rücksichtnahme auf ihre

Stellung als gothaische Hofbeamte. (Eine genaue Darstellung des Verhältnisses Ernsts II. zu Frankreich steht noch aus.)

Reichard bekommt von mehreren Seiten heftigen Gegenwind. Georg Friedrich Rebmann schreibt über den »Revolutionsalmanach«: *Die ganze Verfahrensart in demselben hat etwas Ekelerregendes und verräth nur einen Zweck, alles wieder in das alte Gleis zu schieben, Autoritäten und Erdengötter der gesammten Menschheit immer fester aufzuzwingen.* Auch anonyme Schmähschriften erscheinen. Als am 3. Januar 1797 im »Reichsanzeiger« eine Polemik gegen den »Revolutionsalmanach« gedruckt wird, scheint das Maß für Ernst II. voll: Er unterbindet das Erscheinen des Almanachs. Die weiteren Jahrgänge werden vom Göttinger Verlag ediert, die letzten als Friedensalmanach mit Reichards dezidiertem Bekenntnis zu Napoleon.

Jahre später, als der Astronomenkongreß in Gotha tagt, kommt das Verhältnis Ernsts II. zu Frankreich nochmals in den Focus nicht nur der deutschen, sondern auch der europäischen Öffentlichkeit.

Wie sensibel das Thema ist, macht das Beispiel des Weimarer Herzogs deutlich. Noch 1803 zeigt sich Carl August verärgert, als Friedrich Schiller, Ehrenbürger Frankreichs, im November 1802 geadelt, in den »Gotha«, den dort erscheinenden Adelskalender, neben seinem Adelsprädikat auch seine Nobilitierung als *Bürger Frankreichs* eintragen läßt.

8

Zurück zu Goethe, der nach der Belagerung von Mainz am 23. August 1793, nach über einem Vierteljahr Abwesenheit, wieder in Weimar eintrifft. Bereits am 19. August schreibt er Jacobi: *Mein herumschweifendes Leben und die politische Stimmung aller Menschen treibt mich nach Hause, wo ich einen Kreis um mich ziehen kann, in welchen ausser Lieb und Freundschaft, Kunst und Wissenschaft nichts herein kann. – Doch will ich mich nicht beklagen, denn ich habe manches interessante erfahren, manches Gute und brauchbare gelernt.*

Die nächste Zeit verbringt er in Weimar. Lediglich nach Jena führt ihn mitunter sein Weg und nach Ilmenau, wenn es die Angelegenheiten des dortigen Bergwerks erfordern. So hält er am 9. Dezember auf dem *Gewerkentag* eine Ansprache vor den Aktionären. (Ob er der brieflich von Frankenberg aus Gotha geäußerten Bitte, den Naturforscher Schlotheim an der Zusammenkunft in Ilmenau teilnehmen zu lassen, entspricht, ist nicht überliefert.)

Im Sommer reist er mit Carl August für einige Tage nach Dessau, Leipzig und Dresden.

Am 22. Juni 1794 schreibt Goethe seinen ersten Brief an Friedrich Schiller; es ist eine Antwort auf dessen Einladung zur Mitarbeit an der Zeitschrift »Die Horen«. Vom 14. bis 27. September ist Schiller dann Gast am Frauenplan. Goethe beginnt *den Kreis* zu *ziehen*. Am 26. Oktober stimmt er Schillers Schrift »Über die ästhetische Erziehung des Menschen« überschwenglich zu. Schickt ihm zum Abdruck in den »Horen« seine »Römischen Elegien«.

Der Beginn der Freundschaft. Immer öfter weilt Goethe in Jena, um Schiller nah zu sein. Eine produktive Zeit für beide; *von neuem Frühling, von zweiter Jugend* spricht Goethe, der Freund habe ihn *wieder zum Dichter gemacht, welches zu sein ich so gut wie aufgehört hatte.*

In Gotha vermißt man Goethes anregende Besuche. Am 29. November 1794 schreibt Ernst II. ihm: *Ich sehne mich recht herzlich nach dem Vergnügen, Sie wieder einmal zu umarmen, denn es ist unendlich lange her, daß mir das nicht zuteil ward, und dann werde ich Ihnen mündlich alle diese Versicherungen (daß ich Sie unendlich schätze, ehre, liebe) wiederholen. Bis dahin behalten Sie mich in gutem Andenken und seien überzeugt, daß ich lebenswährig bin und verbleibe Ihr treu ergebenster Freund Ernst.*

Erneut scheint Gotha für Goethe in weite Ferne gerückt. Über zwei Jahre gerät die Stadt aus seinem Blickfeld. Auch 1795 wieder nur Reisen nach Jena und vom 2. Juli bis 11. August ein erster Kuraufenthalt im böhmischen Karlsbad. Ende August, Anfang September treibt ihn die Sorge nach Ilmenau, die Schwierigkeiten im Bergbau häufen sich.

Im Herbst 1795 bittet Carl August Goethe, nach Frankfurt zu reisen, um die politische und militärische Lage zu beobachten. Am 5. April 1795 haben Preußen und Frankreich Frieden geschlossen. Das linke Rheinufer ist von den Franzosen besetzt. Die Auseinandersetzungen mit Österreich beginnen.

Am 10. Oktober teilt Goethe Schiller mit: *ich gehe frühe weg ...* Über Erfurt fährt er, ohne in Gotha anzuhalten, nach Eisenach. Von dort schreibt er Christiane, daß er *wohl so bald nicht fortkomme; ich hatte nicht ohne Grund gesorgt, denn die Österreicher sind mit 60 tausend Mann über den Main gegangen und werden sich wohl um Frankfurt herum mit den Franzosen balgen.*

Er bleibt in Eisenach, setzt dort seine Arbeit am 7. und 8. Buch von »Wilhelm Meisters Lehrjahren« fort. *Ich bin mit Herz, Sinn und Gedanken nur an dem Roman*, gesteht er Schiller. Und: *Die Oesterreicher sind wieder über den Mayn und umgeben Frankfurt ... In ein solches Gewirre möchte ich mich nicht hineingeben.*

Am 16. Oktober dann an Christiane: *Du kommst um den Muff und das Kind um die Pelzmütze, denn ich gehe nicht nach Frankfurt.* Dann heißt es noch: *vielleicht bleibe ich einige Tage in Gotha.*

Nach neun Tagen bricht er seinen Eisenacher Schreibaufenthalt ab. Reist nach Gotha. Da er sich bei Hofe nicht angekündigt hat, steigt er im Gasthof »Zum Mohren« ab, läßt den Prinzen seine Ankunft wissen. Dieser lädt ihn mit einem improvisierten Vers zu sich ein. *Willkommen in dem Mohrenreich! / Warum erscheinst Du nicht sogleich, / In meinem bunten Lande? / Wie sehr freut mich es, Dich zu sehn! / Nur leider auf das Schloß zu gehn, / Bin ich noch nicht imstande.* (Die Krankheit des Prinzen August, von Gliederschmerzen und Lähmungen ist die Rede, die sich mit den Jahren verschlimmern.) *Bleib' hier mein Freund und iß bei mir, / Ein Fliegenvöglein opf're ich Dir, / Gebraten von dem Koche Heinz. / Willkommen in dem Mohrenreich, / Willkommen Freund, komm, komme gleich.* Ob Goethe in der »Auberge du Nêgre«, wie der Prinz sagt, oder in dessen Palais nächtigt, in dem die Tapeten der einzelnen Räume in den Farben Blau, Rot und Gelb gehalten sind, ist nicht belegt.

Mittags 2 Uhr trifft überraschend der Weimarer Regent auf dem Friedenstein ein und begibt sich zum Palais des Prinzen. Vermutlich wird Goethe einen Besuch im Schloß machen. *Goethe im Zimmer*, meldet das Fourierbuch am 20. Oktober. Am 21. dann: *Goethe im Vorzimmer der Durchlauchtigsten Herzogin, Abends im Zimmer … Goethe hat sich beurl(aubt).* Keine Notiz über eine Zusammenkunft mit Ernst II., bei der dieser seine schriftlichen Freundschaftsversicherungen mündlich wiederholen könnte. Vielleicht ist er krank oder nicht in der Stadt; befindet sich auf einer seiner zahlreichen Reisen.

Belegt ist, daß Goethes Interesse wiederum den physikalischen Instrumenten des Herzogs gilt. Nach seiner Abreise schreibt der Hofmechaniker Johann Friedrich Schroeder, der das physikalische Kabinett betreut, am 22. Oktober an Prinz August: ... *verschiedene bei seinem Hiersein aus Crown und Flintglas für denselben gefertigte Prismen zur Untersuchung der Strahlenbrechung des von Pater Boscovich über die zusammengesetzten Objektivgläser geschriebenen Buchs, das ich ihm geliehen habe* ... Goethe borgt sich also ein Buch des berühmten Jesuiten und Professors der Mathematik und Physik, Ruggiero Giuseppe Boscovich, in Gotha aus.

Am 22. Oktober ist er wieder in Weimar. Am 30. Oktober 1795 wird das vierte Kind von Christiane und Goethe geboren. Goethe verläßt das Haus am Frauenplan, arbeitet in Jena. Am 9. November schreibt er an Christiane: ... *ich bin recht vergnügt hier* ... *im stillen Schloß läßt sichs recht gut dencken und arbeiten. Abends bin ich bey Schillern, und da wird biß tief in die Nacht geschwätzt.* Am 10. November antwortet ihm Christiane: *Es thut mir leid, daß ich Dir nicht schreiben kann, daß wir beide wohl sind* ... *ich läugne es nicht, ich bin sehr ängstlich* ... *Sei so gut und schreibe mir ein Wort zu meinem Trost.* Auf diesen Brief hin kehrt Goethe sofort nach Weimar zurück. Am 16. November stirbt das Kind. *Der arme Kleine hat uns gestern schon wieder verlassen, und wir müssen nun suchen durch Leben und Bewegung diese Lücke wieder auszufüllen*, teilt Goethe seinem Freund Schiller am 17. November mit.

Am 5. August 1796 ist zusätzlich zum Friedensvertrag von 1795 ein Neutralitätsvertrag zwischen Frankreich und Preußen unterzeichnet worden. Am 29. Dezember treten ihm auch Kursachsen und die thüringischen Herzogtümer bei. Eine Zeit relativer Ruhe für die Lande um Gotha und Weimar tritt ein. (Am 5. Februar 1794 nimmt Carl August vorübergehend seinen Abschied von der preußischen Armee.) Durch den Neutralitätsvertrag hat Frankreich freie Hand: Unter dem siebenundzwanzigjährigen General Bonaparte zieht es 1797 in Oberitalien ein, erobert Mantua, besetzt Rom, setzt den Papst ab, der Kirchenstaat wird »Römische Republik«, die Schweiz »Helvetische Republik«.

Der *enge Kreis*, von dem Goethe nach der Rückkehr von der Mainzer Belagerung gesprochen hat, *in welchen ausser Lieb und Freundschaft, Kunst und Wissenschaft nichts herein kann* ... Seine intensive Zusammenarbeit mit Schiller. Am 23. Dezember 1795 schlägt er ihm vor, gegen Zeitschriften und Autoren scharfe Epigramme zu richten, ähnlich *wie die Xenia des Martial* sind. Die beiden, die sich als geistige Institution verstehen, eröffnen eine literarische Fehde, eine Publikumsbeschimpfung. Ziehen gegen den miserablen Geschmack der Leser, die Niveaulosigkeit des Literaturbetriebes und die Mittelmäßigkeit der Autoren zu Felde. Ein *tolles Wagstück* nennt es Goethe. Schiller meint, 1796 solle kein Tag vergehen, ohne daß ein Xenion entsteht: *nulla dies sine Epigrammate.*

Hintergründe dieser Aktion sind auch eigene erfahrene Verletzungen. Goethes Enttäuschung, daß das Publikum literarische Qualität nicht zu schätzen weiß. Er ist nicht mehr der gefeierte Autor des »Werther« und des »Götz«. Die achtbändige Edition seiner Werke, in einer Auflage von 4000 Exemplaren gedruckt, hat nur 626 Subskribenten gefunden, und der Absatz geht äußerst schleppend. Göschen, sein Leipziger Verleger, teilt ihm mit, daß seine *Sachen nicht so kurrent* seien *als andere an denen ein großes Publikum Geschmack findet.* Auch Schillers Zeitschrift »Die Horen«, die mit dem proklamierten Anspruch auftritt, *besser als übrige Journale* zu sein (was als Anmaßung empfunden wird), hat nicht den gewünschten Erfolg; Schiller fühlt sich *von lauter trivialen und eselhaften Gegnern* angegriffen.

Ein Teil der Xenien erscheint im »Musenalmanach für das Jahr 1797«. Als er im Herbst 1796 ausgeliefert wird, ist die Aufregung in literarischen Kreisen groß.

Beschränken wir uns auf die in Richtung Gotha abgeschossenen Pfeile. Da ist die von Rudolf Zacharias Becker in Gotha herausgegebene Zeitschrift »Reichs-Anzeiger«. Becker ist ein Gegner Immanuel Kants und fährt, nach Meinung der Xenien-Verfasser, an den großen Strömungen der Zeit vorbei.

(98) *Zeichen des Fuhrmanns*
Alsobald knallet in G(otha) des Reiches würdiger Schwager,
Zwar er nimmt euch nicht mit, aber er fährt doch vorbei.

Der von Becker redigierte »Reichs-Anzeiger« führt eine besondere Rubrik: Beantwortung von Leserfragen, das scheint den Epigrammatikern in Weimar und Jena der Gipfel der Unbedarftheit:

(427) *Frage in den Reichsanzeiger, Wilhelm Meister betreffend*
Zu was Ende die griechischen Namen für deutsche Personen?
Raubt es nicht allen Genuß an dem vortrefflichen Werk?

(438) *Reichsanzeiger*
Edles Organ, durch welches das deutsche Reich mit sich selbst spricht,
Geistreich wie es hineinschallet, so schallt er heraus.

Rudolf Zacharias Becker läßt im Gothaischen »Reichs-Anzeiger« als Entgegnung drucken:

Schallen heraus wie hinein, ist des Dinges Natur
Tön't es nur immer was nützt, kein hämischer Satyr aus ihnen.

Ein weiterer Gothaer, der zur Zielscheibe der beiden wird, ist der Altphilologe Friedrich Jacobs, langjähriger Lehrer am Gymnasium und herzoglicher Bibliothekar, Mitarbeiter an Dyks »Neuer Bibliothek der schönen Wissenschaften und der freyen Künste«. Ihm werden – wohl zu Unrecht – einige Angriffe auf Goethe und Schiller in dieser »Neuen Bibliothek« angelastet. *Aus dem Dykischen Pferch springt er trotzig hervor,* heißt es im »Musenalmanach«. Und das Xenion lautet:

(96) *Zeichen des Widders*
Auf den Widder stoßt ihr zuerst, den Führer der Schafe;
Aus den Journalen heraus sticht sein gewundenes Horn.

Ein nächstes Xenion gilt offenbar ebenfalls Jacobs:

(330) *Philosophische Annalen*
Reise behutsam, o Wahrheit, der schwarze Jakob mit seiner
Bande lauert dir auf, aber es gilt nur dein Geld.

Ein nächster Pfeil trifft – diesmal zu Recht – den Schriftsteller und Bibliothekar Adolf Heinrich Friedrich Schlichtegroll, der lange Jahre Religion, Hebräisch, Latein und Deutsch am Gymnasium in Gotha unterrichtet hat. Schlichtegroll gibt im Verlag Perthes zwischen 1790 und 1806 alljährlich in zwei Bänden »Nekrologe der Teutschen« heraus. Es sind Nachrufe auf die jeweils in dem Jahr verstorbenen prominenten Zeitgenossen. Diese Nekrologe finden guten Absatz, dem Verlag geben sie wirtschaftliche Sicherheit.

In Schlichtegrolls »Nekrolog auf das Jahr 1793« wird des am 26. Juni verstorbenen Karl Philipp Moritz gedacht. Goethe, der mit Moritz in Rom befreundet war und ihn am Frauenplan eine Zeitlang beherbergt hat, ist erschüttert über den frühen Tod des Achtundfünfzigjährigen, dessen Werk er außerordentlich schätzt; *wie sehr ich Leid um den armen Moritz getragen habe … Ich verliere einen guten Gesellen an ihm*, gesteht er. Schlichtegrolls Nachruf bezieht sich nur auf die Wochen, die der junge Moritz 1775 in Gotha verbringt, um Schauspieler zu werden, und von Conrad Ekhof abgelehnt wird. Schlichtegroll stellt Moritz als haltlosen Charakter und Menschen von zweifelhafter Lebensführung dar. Das erbost Goethe zu Recht.

Armer Moritz! Wie viel hast du nicht im Leben erlitten,
Aeacus sei dir gerecht; Schlichtegroll war es nicht.

Ebenfalls auf Schlichtegroll und andere bezieht sich das Xenion:

(111) *Gans*
Laßt sodann ruhig die Gans in L(eipzi)g und G(oth)a gagagen,
Die beißt keinen, es quält nur ihr Geschnatter das Ohr.

Ein weiteres Opfer des Spotts ist der Kritiker und Poet Johann Caspar Friedrich Manso, der ebenfalls über viele Jahre Lehrer am Gothaer Gymnasium war, 1790 aber als Gymnasialdirektor nach Breslau geht. Er ist für die Xenien-Verfasser mit seinen an Ovid angelehnten Dichtungen eine Gestalt der geistigen Dürftigkeit der Zeit. Manso wehrt sich mit *Gegengeschenken an die Sudelköche in Jena und Weimar.*

Diese wiederum reagieren:

(332) *An Schwätzer und Schmierer*
Treibet das Handwerk nur fort, wir könnens euch freilich nicht legen,
Aber ruhig, das glaubt, treibt ihr es künftig nicht mehr.

Im Herbst 1796, kurz nach der Auslieferung des »Musenalmanachs für das Jahr 1797«, schreibt Goethe an Schiller: *Mit dem weimarischen Publiko bin ich im Ganzen ziemlich zufrieden ... Daß man nicht überall mit uns zufrieden sein sollte, war ja die Absicht, und daß man in Gotha ungehalten ist, ist recht gut, man hat dort mit der größten Gemütsruhe zugesehen, wenn man mir und meinen Freunden höchst unartig begegnete, und da das literarische Faustrecht noch nicht abgeschafft ist, so bedienen wir uns der reinen Befugnis uns selbst Recht zu verschaffen und den nekrologischen Schnabel zu verrufen der unsrem armen Moritz, gleich nach dem Tode, die Augen aushackte ...*

Daß man in Gotha ungehalten ist … Ein schriftliches Zeugnis darüber haben wir nicht. Es sind mündliche Nachrichten, die Goethe zu Ohren gekommen sein müssen. Daß der literarisch kenntnisreiche und versierte Prinz August die Veröffentlichung der »Xenien« genauestens verfolgt, geht aus seinem Brief an Wieland hervor: *Ich danke den Musen, dass ich nicht die Ehre habe, in den XX zu stehen.*

Der Herzogin Charlotte Amalie dagegen scheinen die Sottisen, Pointen und Attacken wenig zu sagen; vermutlich aber erreicht auch sie die Empörung der Angegriffenen. Am selben Tag, als Goethe seine Zeilen an Schiller schreibt, daß *man in Gotha ungehalten ist*, bedankt sie sich bei Goethe für die Übersendung des 4. Bandes des *so angenehmen Romans* (»Wilhelm Meister«) und schreibt: *Wirklich dachte ich schon, daß Sie uns arme Gothaer ganz vergessen hätten. Der Herzog empfiehlt sich Ihnen auf's freundschaftlichste und wir bitten, uns bald einmal zu besuchen. Kommen Sie doch ja bald, ehe Weg und Wetter Sie davon abhält.*

Goethe kommt nicht. Weder im Herbst noch im Winter, noch in den folgenden Jahren. Aber der Briefkontakt zum herzoglichen Hof wird aufrechterhalten. Besonders zum Prinzen August. So lobt Goethe das ihm von diesem zugesandte französisch geschriebene Märchen »Princesse Perruche«. Am 16. August 1796 schickt er es Schiller mit der Bemerkung: *Ein nagelneues Märchen, dessen Verfasser Sie wohl erkennen werden. Sollte man nicht aus diesem Product, wenn man es über-*

setzte und ihm etwas gäbe und nähme, einen interessanten Beytrag zu den »Horen« machen können? Wenigstens ist die demokratische Tendenz eines so rein aristokratischen Quellwassers einzig in ihrer Art, und man könnte, wie ich mir's imaginire, aus der Production, mit wenigem Aufwand, noch manchen Vortheil ziehn.

Am 31. Juli 1797 reist Goethe durch Gotha, ohne anzuhalten. Er hat Frau und Kind bei sich, um die beiden in Frankfurt seiner Mutter vorzustellen. Er selbst will weiter nach Süden, ein großes Kunstprojekt über Italien zusammen mit Heinrich Meyer ist geplant. Er kommt nur bis in die Schweiz, die Kriegswirren lassen seine Italienreise scheitern. Resigniert kehrt er zurück, am 20. November ist er wieder in Weimar.

Die Kunde seiner Rückkehr dringt nach Gotha; mit Sehnsucht wird er dort erwartet. Am 25. November schreibt Prinz August werbend: *Das Gerücht hat mir berichtet, daß Ew. Hochwohlgeboren glücklich von der Reise nach der Oberwelt zurückgekommen sind, den ganzen Gotthardsberg abgetragen und in den Taschen nach Weimar gebracht haben und Ihre Freunde in Gotha nächstens besuchen werden. Ich hoffe, daß die 1000züngige dieses Mal nicht werde (mit Erlaubnis zu sagen) gelogen haben, wie sie es in den letzten Jahren so unsäglich oft und wiederholt getan.*

Er wird vermißt, eine eindeutige Klage, daß der Freund Gotha fernbleibt. Sein letzter Besuch war jener vom 20. bis 22. Oktober 1795 auf der Rückreise von Eisenach, als er wegen der Unruhen um Frankfurt nicht – wie Carl August es wünschte – dorthin gehen konnte. Vergebliche Bitten, vergebliches Warten.

9

Das Jahr 1798. Eingangs bereits war die Rede, daß Gotha gegen Ende des 18. Jahrhunderts den Ruf eines Wissenschaftsstandortes von europäischem Rang erlangt. Das hängt mit der Entstehung eines hochmodernen Observatoriums in der Stadt zusammen.

Das naturwissenschaftliche Interesse Ernsts II., seine Leidenschaft für die Sternenkunde, hat zu dem Bau geführt. Der Fürst stellt dafür *50 000 Taler* aus seiner Privatschatulle zur Verfügung; durch eine testamentarische Verfügung sichert er den Unterhalt der Einrichtung.

Als Leiter beruft er Franz Xaver von Zach (dem wir schon in Zusammenhang mit Goethes »Beiträgen zur Optik« begegnet sind). Das Herzogspaar hat den aus Ungarn gebürtigen, fünf Sprachen beherrschenden jungen Mann auf einer England-Reise kennengelernt. Zach besitzt nicht nur wissenschaftliche Kenntnisse, er hat auch praktische Erfahrungen, Beziehungen zu Instrumentenbauern und vor allem Verbindungen zu führenden europäischen Astronomen.

Im Juni 1786 trifft Zach in Gotha ein. Der Herzog gibt ihm freie Hand. Nicht auf einem der Schloßtürme, wie dieser wünscht, sondern auf dem nahe gelegenen Seeberg errichtet Zach die Sternwarte. Die Einmessung der Baustelle geschieht im Herbst 1787, die Grundsteinlegung ist am 16. Juli 1788. Nach dem Vorbild des Radcliffe-Observatoriums in Oxford entsteht das Gothaer und wird mit den modernsten, von Ernst II. persönlich in England gekauften Instrumenten ausgerüstet.

Unter Zachs Anleitung vollzieht sich der Umschwung der amateurhaften astronomischen Beschäftigung des Herzogs zur wissenschaftlichen Astronomie – die beiden wetteifern in Debatten und Ausarbeitungen miteinander.

Zachs Verbindungen zum Herzogspaar sind eng, unter anderem reist man zu dritt, im Sommer 1787 halten sie sich für mehrere Monate in Südfrankreich auf. Auch Charlotte Amalie entdeckt ihre Liebe zur Astronomie. (Oder ist es die zum Astronomen? Davon später.)

Nach Entwürfen von Zach baut Carl Christoph Beßer die Sternwarte mit Haupthaus, Flügelbauten und begehbarem Dach. Als eine technische Innovation, die ihrer Zeit weit voraus ist, gilt die Verankerung der Instrumente zu ebener Erde im angrenzenden Fels.

Der Ruf des Observatoriums verbreitet sich in Fachkreisen. Für den Altmeister der Astronomie, den berühmten Franzosen Joseph Jerôme de Lalande, ist es *le plus beau et le plus utile qu'il y ait en Allemagne*, das schönste und nützlichste, das es in Deutschland gibt.

Anfang 1798 hat er den Wunsch geäußert, es zu sehen.

Daraufhin entsteht in Gotha die Idee einer Zusammenkunft europäischer Astronomen. Eingeladen werden Himmelskundler aus verschiedenen deutschen Kleinstaaten, aus England, Österreich, der Schweiz und Frankreich.

Gotha wird zum Tagungsort eines internationalen Kongresses. Schon im Vorfeld erregt er Aufsehen, ist ein Politikum. Allein die Tatsache, daß Lalande *citoyen*, Bürger Frankreichs, ist, reicht dafür aus. Sofort steht der Verdacht im Raum, daß mit ihm revolutionäres Gedankengut nach Thüringen getragen wird.

Es gibt Warner. Lalande selbst schreibt: *Un journal anglais avertissait le duc de Gotha, qu'un astronome français pourrait très- bien s'occuper d'autre révolutions que des révolutiones célestes.* (Eine englische Zeitung machte den Herzog von Gotha darauf aufmerksam, daß ein französischer Astronom sich sehr wohl mit anderen Revolutionen als denen am Himmel befassen könnte.) Ähnlich äußert sich der scharfzüngige Lichtenberg. Auf Nachrichten seines Gothaer Bruders basierend, berichtet er: Man *feiere* auf dem Seeberg, *Kanonen* würden dort abgefeuert, die *zitternden und bebenden kleinen Fürsten* hätten schon angefangen, den Kongreß für einen Vorwand zu halten, um in Wahrheit die weltliche statt die himmlische Revolution zu erörtern. (Das Wort Revolution kommt aus der Astronomie, ist dem spätlateinischen *revolutio* = umdrehen, zurückwälzen entlehnt.)

Mit der Revolution wird in Frankreich ein neues System der Maße eingeführt: die uns heute vertraute

Längeneinheit Meter und die Grundeinheit der Masse, das Kilogramm, sowie das damit verbundene Dezimalsystem. Das allein genügt einigen Herrschern, ihren Astronomen die Teilnahme an der Zusammenkunft in Gotha zu verweigern. So wird beispielsweise dem Österreicher Vaga die Reise nach Thüringen untersagt. Man fürchtet, mit der Übernahme des neuen metrischen Systems der wirtschaftlichen Hegemonie Frankreichs förderlich zu sein.

Gotha als Tagungsort des aufsehenerregenden ersten Astronomenkongresses. Die schwierige Lage des Herzogs. Er muß einerseits auf Warner und Widersacher Rücksicht nehmen, andererseits treibt ihn wissenschaftliche Neugier, und so übernimmt der Landesherr des Herzogtums Sachsen-Gotha-Altenburg die volle Verantwortung für die Zusammenkunft, fungiert als deren Schutzherr.

Er, Feind jeglichen Aufhebens, bewältigt die Situation offenbar glänzend. Zum einen überträgt er die Rolle der offiziellen Gastgeberin bei Empfängen auf dem Friedenstein – das Fourierhandbuch belegt es – seiner Frau, der *Serenissima.* Zum anderen verhängt er, vermutlich, um die Widersacher in seinem Herzogtum, vor allem den dezidierten Revolutionsgegner Reichard, nicht zu Wort kommen zu lassen, ein Verbot der Berichterstattung. In keiner der Gothaer Zeitungen finden sich Nachrichten über die verdächtige Zusammenkunft.

Belegt ist: Ernst II. trifft während der Augusttage mehrfach mit Jerôme de Lalande, mit dem er bisher nur in Briefkontakt stand, zusammen. Während des Empfangs auf dem Schloß soll er dem Franzosen einen alten Holzstich gezeigt haben, auf dem ein Vorläufer der Guillotine zu sehen ist. Ein Beleg für seine Wandlung von Begeisterung zu Skepsis, seiner Ablehnung der *terreur*?

Entscheidend ist: Die Astronomen reisen an.

Über zehn Tage im Spätsommer 1798 debattieren etwa sechzehn Himmelskundler miteinander; aus Zürich, Berlin, Paris und Göttingen, aus Basel, Dresden, Nürtingen, Halle und Meiningen sind sie gekommen. Man vergleicht Beobachtungsmethoden, legt Sternenverzeichnisse an, erarbeitet Vorschläge für die Einführung neuer Sternbilder. Der Berliner Astronom Johann Elert Bode zeigt den Teilnehmern die 13. Karte seines in Vorbereitung befindlichen, 1801 erscheinenden Prachtatlasses »Uranographia«.

Man erörtert Meßgeräte. Lalande hat einen preisgekrönten Chronometer von Berthoud nach Gotha mitgebracht. Die 200 Reisestunden in der Postkutsche haben den Gang nicht um eine Sekunde verändert. Gegen Ende des 18. Jahrhunderts sind geographische Längen und Breiten vieler europäischer Orte nur ungenau oder gar nicht bekannt. Ortsbestimmungen erfolgen mit Hilfe von Sextanten, transportablen Passageinstrumenten oder Chronometern. Astronomie und Geodäsie, die Vermessungskunde der Erdoberfläche, hängen damals noch eng zusammen. Franz Xaver von Zach beschäftigt sich mit astronomisch-geodätischen

Ortsvernetzungen. Ernst II. führt regelmäßig ein *Chronometerjournal*, als Festnetzpunkt gilt der Meridian der Sternwarte auf dem Gothaer Seeberg.

Ein Ausflug auf den Inselsberg, zu dem die *Serenissima* für den 14. August einlädt, soll solchen Messungen dienen; die Teilnehmer brechen auf, schlechtes Wetter aber hält sie von ihren Experimenten ab.

Natürlich wird auch die Frage der neuen Maßeinheiten Meter und Kilogramm erörtert. Lalandes Vorschlag, das mit der Französischen Revolution eingeführte Kalendarium zu übernehmen, wird strikt abgelehnt. In der Frage der neuen Maßeinheiten aber findet man einen Kompromiß. Zach tritt leidenschaftlich für dieses Kind der Revolution ein, und so einigen sich die Teilnehmer darauf, die neuen Einheiten mit zu verwenden, und erklären auch das Dezimalsystem für sich als verbindlich. Das ist in der Tat kühn. (Die internationale Durchsetzung des Systems dauert noch viele Jahrzehnte. Preußen schließt sich erst siebzig Jahre später an. 1875 treten 18 Staaten der internationalen Meterkonvention bei.)

Ist in diesem Gothaer Astronomentreffen der Keim einer europäischen Gelehrtenrepublik zu sehen? Wohl ja. Wenngleich die politischen Vorzeichen – wie dargestellt – ungünstig waren. Zudem die Spannungen zwischen England und Frankreich die Teilnahme des in England lebenden Friedrich Wilhelm Herschel, Entdecker des Planeten Uranus, verhinderten und somit neueste Forschungsergebnisse nicht zur Sprache kamen.

Dennoch: Die Augen der Fachwelt richten sich weiter auf Gotha. Großzügig gefördert von Ernst II., geht Zach seinen wissenschaftlichen Weg. Von 1798 bis 1800 gibt er die Bände der »Allgemeinen Geographischen Ephemeriden« heraus. 1800 gründet er die »Monatliche Correspondenz zur Beförderung der Erd- und Himmels-Kunde«, die in der Beckerschen Buchhandlung in Gotha gedruckt wird. 28 Bände werden erscheinen, die auch Goethes Interesse wecken.

10

Über die Augusttage 1798 in Gotha aber verliert Goethe kein Wort. Zu stark ist er beschäftigt. Dienstgeschäfte: Schloßbau und Theaterbau nehmen ihn in Anspruch. Er erwirbt ein Landgut in Oberroßla, er arbeitet an der Farbenlehre. Vor allem aber ist er oft mit Schiller zusammen, lange Gespräche über »Wallenstein«; Goethe drängt den Freund zur Vollendung des Dramas. Mit ihm soll das umgebaute Theater eröffnet werden. Am 12. Oktober 1798 ist es soweit: Die Uraufführung von »Wallensteins Lager«, inszeniert von Goethe. Die »Piccolomini« in gemeinsamer Regie von Goethe und Schiller folgen am 30. Januar 1799, und »Wallensteins Tod« hat am 20. April 1799 Premiere.

Vier Jahre liegt Goethes letzter Besuch in Gotha zurück. Zwei weitere noch wird es dauern, bis ihn 1801 sein Weg wieder in die Nachbarresidenz führt.

Aus dem Jahr 1800 aber ist ein Brief Goethes an den Prinzen überliefert. Er bittet den Literatur- und Sprachenkundigen um ein Urteil zu einem seiner Werke. Es ist die Übersetzung des »Mahomet«. Am 3. Januar schreibt Goethe nach Gotha: *Das Stück erhalten Sie mit dem montägigen Wagen und wer kann besser urteilen als Sie mein Fürst ob ich mit dieser Arbeit nicht ganz unglücklich gewesen bin; da Sie die beiden Sprachen mit ihren Eigentümlichkeiten so genau kennen. Darf ich Sie bitten das Exemplar nicht aus den Händen zu geben und es mir gelegentlich wieder zurück zu schikken. Mögen Sie es mit einem Urteil über das Ganze, mit Bemerkungen über das Einzelne begleiten, so werden Sie zu dem vielfachen Guten das ich Ihnen schuldig bin noch eine neue Wohltat hinzufügen.* In dem Brief bedankt er sich eingangs für ein Schreiben des Prinzen und versichert ihm *den aufrichtigen Ausdruck* seiner *unveränderlichen Liebe und Verehrung* und spricht am Schluß die Hoffnung aus, im neuen Jahr *Gotha wieder besuchen und erfahren* zu können, *daß die Gesinnungen meiner verehrten Gönner und Freunde sich nicht verändert haben.*

Und in der Tat, im Sommer 1801 besucht Goethe nach langer Pause wieder Gotha. Vielleicht ist auch das mehr oder weniger ein Zufall. Er kommt von einem Kuraufenthalt gemeinsam mit seinem Sohn aus Bad Pyrmont. Christiane und Heinrich Meyer sind den beiden bis Kassel entgegengereist. Am 24. August 1801 steigt Goethe mit Frau, Sohn und Freund im »Mohren« ab. Christiane und das Kind schickt er bereits am Morgen des folgenden Tages nach Weimar. Er selbst bleibt mit Meyer fast eine Woche in Gotha.

Es ist Goethes letzter Aufenthalt am Nachbarhof in der Herrschaftszeit Ernsts II.; ihm kommt daher eine besondere Bedeutung zu.

Am 10. Oktober schreibt er resümierend an den Historiker Georg Friedrich Christoph Satorius nach Göttingen: *In Gotha brachte ich etwa acht Tage bei meinen hohen Gönnern und Freunden zu und ergötzte mich an zwei bedeutenden Instituten, der Sternwarte auf dem Seeberge und dem Erziehungskreis in Schnepfenthal.*

Sein Tagebuch vermerkt: 25. August: *bei Prinz August.* 28. August: *Mittag bei Prinz August.* 29. August: *Mittag bei Herrn v. Grimm.* 30. August: *Von Gotha nach Weimar.*

Der Schreibkalender des Prinzen enthält nähere Informationen über den Ablauf der Tage. 24. August: *Erstes Erscheinen des Herrn von Goethe bei Lady Frifry gegen sechs Uhr abends. Ich begleitete ihn von da, wo ich schon vor ihm geweilt hatte, nach dem Garten meiner Schwägerin, bei der er zu Abend aß.*

Das heißt, noch am Abend seiner Ankunft macht Goethe, Frau und Kind allein lassend, einen Besuch bei Friederike und Sylvius von Frankenberg in Siebleben, speist danach bei der Herzogin im *Garten.* 1778 hatte Goethe die Idee, im Weimarer Park für die Herzogin das *Louisenkloster* errichten zu lassen. Hat er Charlotte Amalie davon erzählt, in ihr den Wunsch geweckt, Ähnliches für sich zu haben? Seit 1779 sind jedenfalls Bemühungen zur Herstellung eines *Gartens der Herzogin* bekannt. Zwischen Oktober 1780 und März 1781 wird das *Kloster* geschaffen, als *der Durchl. Frau Herzogin Eremitagen oder Tempelbau* bezeichnet. Es ist das heutige Teeschlößchen.

Goethe erinnert sich später: *Darauf gelangte ich nach Gotha, wo Prinz August mich nach altem freundschaftlichen Verhältnis in seinem angenehmen Sommerhaus wirtlich aufnahm und die ganze Zeit meines Aufenthal-*

tes eine im engen geschlossene Tafel hielt, wobei der Herzog und die teueren von Frankischen Gatten niemals fehlten.

Am Morgen des 25. August die Abreise von Christiane und dem Sohn. Der Prinz notiert: 25. August: *Mein Bruder bat mich soeben, zu Ehren des Herrn von Goethe und des Herrn Meyer ein Mittagessen zu geben. Er nahm an diesem selbst teil, ebenso seine Exzellenz und Lady Frifry. Wir waren nur sechs Personen zu Tische. Der Abend verlief in derselben Weise.*

Ohne Zweifel kommt in dieser Runde, in der die literaturinteressierte Friederike Frankenberg die einzige Frau ist, das Gespräch auf Goethes Werke. Er versäumt nie, Neuerscheiungen den Gothaer Freunden zuzueignen. Vielfach sind Reaktionen und Dankbezeugungen überliefert. So findet Ernst II. besonderen Gefallen an der scharfen Satire auf die Mächtigen in »Reineke Fuchs«. Frankenberg versichert Goethe in einem Brief vom 5. Juli 1794, daß seine Frau das zugeschickte Tierepos »Reineke Fuchs« *fleißig studiere* und *dabei die Nutzanwendung nicht aus den Augen lassen werde.* Am 27. Mai 1795 bedankt sich Friederike Frankenberg bei Goethe für die Zusendung des zweiten Bandes von »Wilhelm Meisters Lehrjahren«, sie freut sich, darin *alte Bekannte zu erneuern.* Auch von Prinz August ist – mit Ausnahme von Goethes Revolutionsdrama »Der Bürgergeneral« – Lob und Zustimmung zu vielen seiner Werke überliefert. So zum »Wilhelm Meister« und zu »Hermann und Dorothea«. Über letzteres schreibt er, *die Lektüre habe ihm großes Vergnügen be-*

reitet. Er selbst trägt gern Ausschnitte aus Goethes Werken vor. Vielleicht auch an diesem Tag. Oder geht das Gespräch – der *Kunstmeyer* ist anwesend – um Bildende Kunst, um Ausstellungen und Preisausschreiben, die in Weimar veranstaltet werden?

Der nächste Tag, der 26. August: *Dieselben Personen waren Mittags Gäste der Lady Frifry. Vormittags hatten wir die Gemälde des Herzogs besichtigt.* Ernst II. ist ein ambitionierter Sammler nicht nur von Büchern und Kupferstichen, sondern auch von Gemälden. Er hat eine Vorliebe für holländische und flämische Meister des 17. Jahrhunderts, besitzt Arbeiten von Adriaen Brouwer und David de Heem und Skizzen von Rubens. 1803 wird er ein frühes Selbstporträt von Rembrandt Harmensz van Rijn erwerben. Die neuere deutsche Landschaftsmalerei interessiert ihn ebenfalls, vor allem Hackert, mit dem er in Briefwechsel steht.

Alle seine Ankäufe tätigt der Fürst aus seiner Privatschatulle; die Kammerrechnungen weisen diesbezüglich keinerlei Ausgaben aus. Untergebracht sind die Sammlungen in seinen Wohnräumen und in zwei Zimmern im dritten Obergeschoß des Ost-Turmes.

Die Gesellschaft, die durch die Räume wandert. Bei welchen Gemälden mag sie länger verweilt haben? Vielleicht, auf Goethes Wunsch, bei den zwei großen idealen *Landschaften*, die Philipp Hackert für Ernst II. geschaffen hat, die Goethe schon beim ersten Anblick faszinierten und über die er an Charlotte schrieb: ... *woran besonders die Fernen, und Himmel unglaublich schön sind.*

Goethe 1801 auf dem Friedenstein. Es wird einer seiner letzten Besuche auf dem Gothaer Schloß sein.

Für den 27. August notiert der Prinz: *Herr von Goethe aß Mittags im Mohren und macht nach Tisch mit Lady Frifry und seiner Exzellenz einen Ausflug nach Schnepfental.*

Wer mag zu Mittag im »Mohren« an Goethes Tisch gesessen haben? Vielleicht Franz Xaver Freiherr von Zach? Am Morgen des 27. August besucht Goethe die Sternwarte. *Goethe war Vormittag ohne mich auf dem Seeberg gewesen*, notiert der Prinz. Vom 22. April 1802 ist ein Brief Goethes an Zach überliefert; er bedankt sich für den *so angenehmen als lehrreichen Morgen.*

Kommt der Astronomenkongreß bei dieser Begegnung zur Spache? Oder Zachs zweites Interessengebiet, die astronomische Geographie, die Erdvermessung? 1802 erhält er vom König von Preußen den Auftrag, das Eichsfeld und die Gegend um Erfurt geodätisch zu erfassen und eine militärische Karte von ganz Thüringen anzufertigen. Ernst II. hat auf diplomatischem Weg dafür zu sorgen, daß die Geodäten die benachbarten Fürstentümer betreten und triangulieren dürfen. Der Preußen verpflichtete Carl August, zudem mit Zach befreundet, hat keine Einwände. Wie auch Ernst II. Goethe einst gestattete, zum Zweck seiner mit Voigt unternommenen geologischen Forschungen das Gothaische Hoheitsgebiet zu untersuchen.

Fachgespräche zwischen Goethe und Zach an diesem 27. August 1801 vielleicht. Goethes Wertschätzung des Mathematikers und Astronomen steigt. In einem Brief an Carl August vom 4. September 1803 – er spielt auf dessen *schönes Verhältniß zu Herrn von Zach an* –, bittet er ihn, Zach als Mitarbeiter für die »Jenaische Allgemeine Literaturzeitung« zu gewinnen; es sei *Pflicht zuförderst sich nach solchen Männern umzusehen, deren wissenschaftliches Gewicht die Schaale des Instituts begünstigte. Möchte er* (Zach) *das wissenschaftlich bedeutende und treffliche, was er zu verbreiten wünscht, in den Weg gedachter neuer Zeitung leiten.*

Der 28. August. Es ist der einzige Geburtstag, den Goethe bei seinen Freunden in der Nachbarresidenz feiert. Dieser Tag ist zweifellos der Höhepunkt seines Gotha-Aufenthaltes 1801. Laut Schreibkalender des Prinzen wieder die gleiche Sechser-Konstellation wie schon am Mittag des 25. und des 26. August: der Herzog, das Ehepaar Frankenberg, der Prinz, Meyer und Goethe. Ein Essen *bei mir zu Ehren des Herrn von Goethe, dessen 52. Geburtstag war. Ich schenkte ihm ein von Wedel in Erfurt gemaltes Gemälde, welches die Außenseite meines Hauses darstellt. Bei Tisch brachte ich seine Gesundheit in einem Pokal mit Champagner aus. Bei dem Braten stellte man vor ihm einem Kuchen mit 53 Lichtern auf, wobei dem Brauche entsprechend, das Jahr mitgezählt wurde, in welches er eintrat. Nach Tisch machten wir einen Gang durch den Garten. Es war fast der erste schönste Tag des Jahres 1801.*

Goethe, der es überaus liebt, gefeiert zu werden, hält

diesen 52. Geburtstag in seinen »Tag- und Jahresheften« fest. *Meinen eintretenden Geburtstag wollte man mit gnädiger Aufmerksamkeit ... feyern ... beym Nachtisch aber trat nun die sämmtliche Livrée des Prinzen in stattlich gekleidetem Zuge herein, voran der Haushofmeister. Dieser trug eine große, von bunten Wachsstökken flammende Torte, deren ins Halbhundert sich belaufende Anzahl einander zu schmelzen und zu verzehren drohte, anstatt daß bey Kinderfeyerlichkeiten der Art noch Raum genug für nächstfolgende Lebenskerzen übrig bleibt.*

Und er fährt in seinem etwas pedantisch-umständlich verklärenden Stil, in dem die zwischen 1817 und 1826 entstandenen »Tag- und Jahreshefte« abgefaßt sind, fort: *Auch mag dies ein Beyspiel seyn mit welcher anständigen Naivität man schon seit so viel Jahren einer wechselseitigen Neigung sich zu erfreuen gewußt, wo Scherz und Aufmerksamkeit, guter Humor und Gefälligkeit, geistreich und wohlwollend das Leben durchaus zierlich durchzuführen sich gemeinsam beeiferten.*

Am 29. August vermerkt Goethes Tagebuch: *Mittag bei Herrn v. Grimm.* Und der Prinz, daß der Herzog, Frankenbergs, Meyer, Goethe und er *bei Herrn Baron v. Grimm mit der Frau Gräfin de Bueil und deren Kindern ...* speisten. In Düsseldorf, im Strom der Emigranten, war Goethe auf seiner Rückkehr vom Frankreichfeldzug Baron Melchior von Grimm begegnet. Jean-Jacques Rousseau schreibt in seinen »Bekenntnissen« über den jungen Grimm, noch Vorleser der Prinzen, *damals* sei er *noch weit entfernt von jenem anmaßenden Ton, den ihn sein Glück hat später anschlagen lassen.*

Der mittellose junge Mann und sein beispielloser Aufstieg in Paris. Nun hat die Revolution in Frankreich sein *Glück* hinweggefegt, er verliert sein Amt und sein gesamtes Vermögen. Völlig verarmt kommt er nach Gotha. Ernst II. bietet ihm Asyl, stellt ihm das einstige Prinzenhaus in der Hützelsgasse zur Verfügung. Goethe schreibt in den »Tag- und Jahresheften« rückblikkend: *Herr v. Grimm, der vor den großen revolutionären Unbilden flüchtend, kurz vor Ludwig dem sechzehnten, glücklicher als dieser von Paris entwichen war, hatte bey dem altbefreundeten Hofe eine sichre Freystatt gefunden ... Die Erinnerung früherer Zeiten, wo man in den achtziger Jahren in Gotha gleichfalls zusammen gewesen, sich mit poetischen Vorträgen, mit ästhetisch literarischen Mitteilungen unterhalten, stach freylich sehr ab gegen den Augenblick, wo eine Hoffnung nach der anderen verschwand, und man sich, wie bey einer Sündfluth kaum auf den höchsten Gipfeln, so hier kaum in der Nähe erhabener Gönner und Freunde gesichert glaubte.*

Dann heißt es noch, *als geübter Weltmann ... konnte er doch eine innere Bitterkeit über den großen erduldeten Verlust nicht immer verbergen.* Bereits in diesen Aufzeichnungen ist von der rasanten Geldentwertung während der Revolution die Rede und von Grimms Bemühungen, *die Vernichtung auch dieser Papiere* (Assignaten) *voraus fürchtend,* sie *in irgend eine unzerstör-*

liche Waare umzusetzen ..., um noch etwas zu retten. Grimm gibt eine *ganze Summe für eine Garnitur Brüssler Manchetten und Busenkrause* hin.

Fast dreißig Jahre später, im Herbst 1830, kommt Goethe – offenbar im Zusammenhang mit der Arbeit an der Papiergeld-Szene im »Faust II« – im Gespräch mit Eckermann auf Grimm zurück, erzählt diesem, nun ausgeschmückt, die Geschichte von dessen *kostbare⟨n⟩ Staatszierden.*

Er gibt eine Anekdote Grimms wieder, *und zwar aus der Zeit der französischen Revolution, wo dieser, es in Paris nicht mehr für sicher haltend, wieder nach Deutschland zurückgekehrt war und in Gotha lebte. Wir waren, sagte Goethe, eines Tages bei Grimm zu Tische* – es ist gewiß dieser Besuch am 29. August 1801 –, *Grimm rief mit einemmale: ›Ich wette, daß kein Monarch in Europa ein Paar so kostbare Handmanschetten besitzt als ich, und daß Keiner dafür einen so hohen Preis bezahlt hat als ich es habe.‹* Er holt *ein Paar wunderbare Handmanschetten* und ein *Paar Spitzenmanschetten von ... großer Pracht* hervor, fordert seine Gäste auf, ihren Wert zu schätzen. *Wir versuchten es ... konnten sie jedoch nicht höher halten, als etwa zu hundert bis zweihundert Louisd'or. Grimm lachte und rief: ›Ihr seid sehr weit vom Ziele! Ich habe sie mit zweimal hundert und fünfzig Tausend Francken bezahlt, und war noch glücklich, meine Assignaten so gut angebracht zu haben. Am nächsten Tag galten sie keinen Groschen mehr‹.*

An anderer Stelle notiert Eckermann, daß Goethe

manches Interessante über Grimm, dessen Geist und Charakter und sein *sehr geringes Vertrauen zum Papiergelde* erzählt habe.

Nach der Tischgesellschaft bei Baron Grimm im Sommer 1801 naht der Abschied von Gotha. Noch einmal legt Goethe die kurze Wegstrecke vom Palais des Prinzen zum Schloß zurück, geht eine der 1789 geschaffenen Auffahrten hinauf. Ein letzter Besuch bei Charlotte Amalie. Über den 29. August notiert Prinz August in seinen Schreibkalender: *abends bei der Herzogin, die immer leidend war; aber Herr von Goethe speiste nicht bei ihr und wir verabschiedeten uns voneinander.*

Am Morgen des 30. August die Abfahrt.

Nehmen die Tage im August 1801 in Goethes Erinnerungen einen so breiten Raum ein, weil er sie – rückblickend – als Abschluß einer über ein Vierteljahrhundert währenden freundschaftlichen Bindung an das Gothaer Herrscherhaus, an die Fürstin und die beiden Brüder Ernst und August empfindet?

II

Am 20. April 1804 stirbt Herzog Ernst II. im Alter von neunundfünfzig Jahren.

Eure Liebe begleite mich, ihrer möchte ich wohl immer bedürfen, hatte es aus Italien geheißen. Goethe verliert einen *hohen Gönner*, seinen, wie dieser schreibt, ihm *treu ergebenen Freund Ernst.* Fast dreißig Jahre – wenngleich mit großen Pausen – Begegnungen. Goethes Anwesenheit immer ersehnt, begrüßt. Vielfältige gemeinsame Interessen, Austausch über Kunst und Kunsterwerb. Das offene Ohr Ernsts II., wenn es Goethe um Förderung junger Künstler, um soziale Unterstützung geht. Das *phisikalische Kabinett*, das dem Weimarer Freund jederzeit zur Verfügung steht.

Der freie Raum, in dem sich Goethe in Gotha bewegt; keine Erziehung eines jungen wilden Fürsten, keine aus seiner Mitgliedschaft im Weimarer *Conseil* erwachsende Pflichten –; Vermittlung allenfalls, Diplomatie, Repräsentation.

Die zurückhaltende ruhige Art des Herzogs im persönlichen Umgang wie in seinen politischen Entscheidungen als Landesherr. Ganz im Gegensatz zum wagemutigen Carl August mit seinem Ehrgeiz, in Preußen als Militär Karriere zu machen.

Die Konkurrenzsituation der beiden benachbarten Fürstentümer, nur gute sechs Meilen liegen zwischen den Residenzen.

Ihr Einanderbeäugen: *Der Herzog von Gotha hat wirklich sehr liebenswürdige Eigenschaften und ... sehr guten Willen: Er täte gern wirklich Gutes, wenn sich's nur so tun ließe,* schreibt Carl August süffisant. Ein Urteil vom hohen Roß; allerdings ein frühes aus dem Jahr 1785. Noch siebzehn Regierungsjahre liegen vor Ernst II. Als 1802 Johann Gottfried Seume auf seiner Rückreise aus Syrakus Thüringen durchwandert, urteilt er: *Mir ist es oft recht wohl gewesen, wenn ich durch das Gothaische und Altenburgische ging. Man sieht fast nirgends einen höhern Grad von Wohlstand ... So oft ich darin war, habe ich immer die reinste Hochachtung und Verehrung gegen den Herzog gefaßt ... Seine Städte und Dörfer und Wege geben die beste Bekanntschaft ... Nicht das Predigen der Humanität, sondern das Tun hat Wert.*

Dies ist wohl die schönste Beschreibung der Lebensleistung Ernsts II.; seine breite Unterstützung von Schulen, weit über das Salzmannsche Philanthropin hinaus, seine Förderung des Handwerks, vor allem der Porzellanherstellung, der Ausbau von Straßen und Chausseen, die Tilgung der hohen Schulden, die ihm sein Vater hinterlassen hat (von allem haben wir hier nicht gesprochen), kennzeichnen seine Amtszeit. Die Ergebnisse seiner Sammlertätigkeit: Bücher, wertvolle Inkunabeln, Münzen, Gemälde und Zeichnungen bereiten noch uns Heutigen Genuß. Und mit seinem naturwissenschaftlichen Engagement, dem Bau einer modernen Sternwarte führt er sein Herzogtum auf dem Gebiet der Astronomie an die Spitze der europäischen Entwicklung.

Freilich ist er kein Glückskind wie Carl August; seine offenbar schwierige Ehe, der frühe Tod seiner Geliebten, seine labile körperliche Konstitution. Zudem steht seiner Regierungszeit von etwas über dreißig Jahren die sich über ein halbes Jahrhundert erstreckende Carl Augusts gegenüber. Ist letzterer wohl ein Mann der Tat zu nennen, so könnte man Ernst II. eher als einen der Reflexion sehen. Er liebt es, am Tag mehrere Stunden in seiner Bibliothek oder mit seiner Münzsammlung zu verbringen, sich mit Schachspiel zu beschäftigen (darüber schreibt er ein Buch), in seinem naturwissenschaftlichen Kabinett Eintragungen in sein *Chronometerjournal* vorzunehmen oder Beobachtungen zu astronomischen Fragen aufzuzeichnen.

Das einzige Verdienst, schreibt Ernst II. über sich, *dessen ich mir bewußt bin, ist, dass ich stets gesucht habe, gegen mich selbst wahr zu seyn und mich vor Stolz und Eigendünkel zu verwahren.* Er ist ein Feind von Pomp und aufgesetzten Äußerlichkeiten. Davon zeugt auch sein Letzter Wille. *Zu meinem Begräbnisse* – so seine testamentarische Verfügung – *habe ich denjenigen Platz in meinem Garten ausersehen, wo meine beiden verstorbenen Kinder ruhen, und verordne, dass mein Körper ... ohne Sarg in ein leinenes Tuch gehüllt, christlichem Gebrauch nach mit dem Gesicht gegen Morgen gelegt werde. – Ausdrücklich verbitte ich mir jedes zu meinem Andenken zu errichtende Denkmal, es sei ein Leichenstein, Grabschrift oder irgend ein Monument bei oder auf meinem Grabe. Will man einen Baum darauf pflanzen, so habe ich nichts dagegen einzuwenden, damit meine gänzliche Auflösung nicht aufgehalten, vielmehr durch letztgedachte vermehrte Vegetation eher befördert und nützlich werde.*

Wie Goethe die Nachricht vom Tod des Gothaer Fürsten aufnimmt, ist nicht überliefert.

Den dringlich bittenden Einladungen des Bruders des Verstorbenen weicht er aus, begründet sein Fernbleiben stets neu; in einem Brief vom 7. November 1804 zum Beispiel mit den Verpflichtungen, die er für den Empfang der russischen Prinzessin Maria Pawlowna habe. *Ich bin also abermals ausgeschlossen Ihnen in Gotha ... aufzuwarten ...*

Im Februar 1805 erkrankt Goethe schwer. Noch nicht wieder vollständig genesen, trifft ihn am 9. Mai erneut ein Schlag: der Tod Friedrich Schillers; des Freundes, mit dem er seit einem Jahrzehnt in enger, fast symbiotischer Arbeitspartnerschaft gelebt hat.

Am 23. Mai kondoliert Prinz August. *Jedermann, bester Göthe, nimmt hier an dem Verlust herzlichen Anteil, den Sie durch die schnelle Trennung von ihrem Freunde Schiller vor kurzem erlitten haben.*

In Schillers Todesjahr beginnt die kriegerische Neuordnung Europas, die fast ein Jahrzehnt bis zur Völkerschlacht in Leipzig und zum Wiener Kongreß 1814 anhalten wird. Der relative Frieden, dem sich die thüringischen Lande bisher erfreuen konnten, geht zu Ende, Thüringen wird Kriegsschauplatz, schlimme Zeiten brechen an.

Goethe wird diesbezüglich einmal äußern, Schiller sei zur rechten Zeit gestorben. Das gilt auch für Ernst II., den Gothaer Herrscher.

Dessen Bruder Prinz August ist von dunklen Ahnungen erfüllt. In seinem letzten Brief an Goethe, geschrieben am 14. Mai 1806, vier Monate vor seinem Tod, heißt es: *Die politische Welt … ist, dünkt mich, ganz aus ihren Angeln und Fugen …* Bereits Jahre zuvor hat er die Übergriffe der französischen Revolutionsarmee in anderen Ländern verurteilt, er finde, *daß sich die Citoyens unerhörte Dinge herausnehmen …, wer weiß*, schreibt er, *wieweit sie noch ihre Zudringlichkeiten in Europa treiben werden.* Er sieht die Gefahr, die von Napoleon ausgeht, hält an seinen republikanischen Ideen fest. Das Datum 8. Mai 1802 – Napoleon ernennt sich zum Konsul für zehn Jahre, wenig später auf Lebenszeit – ist ihm Zäsur. Er schreibt, dieser Tag könne als Todestag der französischen Republik gelten: *Le 18 floréal 8 mai 1802 peut donc être envisagé comme le jour de la mort de la république française.*

Goethe wird den Prinzen nicht wiedersehen. August stirbt am 28. September 1806.

Am 22. April 1804 hat Emil August, der Sohn Ernsts II., die Nachfolge angetreten. Er wird das Herzogtum Sachsen-Gotha-Altenburg bis 1822 führen. Goethe hat ihn, wie auch seinen zwei Jahre jüngeren Bruder Friedrich, aufwachsen sehen.

Aus dem ersten Halbjahr seiner Regentschaft ist ein Brief Goethes an Emil August überliefert. Dieser gestattet Heinrich Meyer, die Kunstsammlungen im Schloß Friedenstein für Studien zu nutzen. Goethe lobt am 3. August 1804 die dem *ihm so werthen Freunde erzeigte vorzügliche Gunst*, spricht seinen *unterthänigsten Dank* aus; er habe schon früher gewünscht, *eine Gelegenheit zu ergreifen,* den Herzog *um Fortsetzung der gnädigen Gesinnung zu bitten, womit Höchstdieselben mich von je her beglückt haben,* auf diese Weise werde zugleich *diejenige Gnade, welche ich von Ihro Höchstseligem Vater genossen, aufs neue bestätigt und der, durch seinen frühern Hinritt, entstandene schmerzliche Verlust gelindert und die von Höchstdenenselben glücklich angetretene Regierung auch mir als einem von Ihro ungehörigen erfreulich und segenreich werde.* Der Schluß dieses, streng die Form wahrenden, im Höflingston abgefaßten Schreibens lautet: *Der ich in Hoffnung bald persönlich aufwarten zu dürfen mich verehrend unterzeichne.*

Ein Antrittsbesuch des Dichters aber auf Schloß Friedenstein bleibt aus. Die Gründe sind vielgestaltig. Es ist nicht allein der Zeitmangel. Auch nicht der Altersabstand, die Tatsache, daß eine nächste Generation regiert. Es ist die sich verändernde Atmosphäre am Gothaer Hof. Wir kommen darauf zurück. Und es sind nicht zuletzt die anbrechenden schwierigen Zeiten.

12

1806 erklärt Preußen Frankreich den Krieg. Am 14. Oktober 1806 wird das preußische Heer bei Jena und Auerstädt vernichtend geschlagen. Truppendurchmärsche, Einquartierungen, Kriegshandlungen, Plünderungen und Brandschatzungen.

Napoleon, der Sieger, zieht am 16. Oktober in Weimar ein. Das Fürstentum ist – im Gegensatz zum Gothaer – in einer prekären Lage. Während die Zurückhaltung Ernsts II. gegenüber Preußen sich nun für seinen Sohn auszahlt, sieht sich Weimar bedroht. Selbst nach der verlorenen Schlacht kämpft Carl August mit Teilen des preußischen und des russischen Heeres weiterhin gegen Frankreich. Damit bringt er sein Herzogtum in äußerste Gefahr, der französische Kaiser kann es von der Landkarte streichen, einem neuen Regenten zusprechen.

Napoleon soll der ihn auf der Schloßtreppe erwartenden Herzogin Louise mit den Worten entgegengetreten sein: *Je vous plains, Madame, j'écraserai votre mari.* (Ich bedaure Sie, Madame, ich werde Ihren Gemahl vernichten.) Er fordert das sofortige Erscheinen Carl Augusts mitsamt seinem Weimarer Bataillon.

Gespräche dann. Herzogin Louise vermittelt diplomatisch; mit einem für Napoleon bestimmten Brief Carl Augusts aus dem Feldlager appelliert sie an die

Soldatenehre des Kaisers; die Ehrengesetze der preußischen Armee zwängen den Herzog noch zum Bleiben, aber er habe den preußischen König um seine Entlassung gebeten.

Napoleon erwidert der Weimarer Herzogin am 5. November 1806 entgegenkommend und verbindlich, Carl August solle *die Lektion wenigstens lernen;* denn er hätte sich ja *auch zurückhaltend, wie der Herzog von Gotha verhalten können, den Herzog von Braunschweig habe er entlassen.*

Rettende Zeilen, die den Fortbestand des Herzogtums Sachsen-Weimar-Eisenach sichern.

Der Preis aber für den Erhalt der staatlichen Souveränität ist hoch. Beide Herzogtümer sind gezwungen, Napoleons Rheinbund beizutreten, und werden zur Zahlung hoher Kontributionen sowie zur Bereitstellung von Truppenkontingenten verpflichtet. Gotha hat Kontributionen in Höhe von *1 700 000 francs* zu entrichten. Weimar bekommt, zwei Tage nach Napoleons Schreiben an Herzogin Louise, am 5. November 1806 die Nachricht, *2 000 000 francs* an Kontributionen zahlen zu müssen, und zwar mit sofortiger Fälligkeit. In der Posener Friedens-Urkunde vom 15./16. Dezember 1806, die für all die kleinen Länder gilt, steht die Aufzählung des Militärkontingents Sachsen-Weimar mit 800 Mann an erster Stelle, Sachsen-Gotha-Altenburg muß 1100 Mann aufbieten.

Als einer der ersten deutschen Fürsten tritt Emil August am 12. Dezember 1806 dem Rheinbund, der *Con-*

fédération du Rhin, bei. Der Schritt fällt ihm leicht, nicht nur, weil er Napoleon verehrt, sondern weil er, beraten von seinem Minister Frankenberg, pragmatisch zum Wohl des Landes eine auf Anpassung an die Mächtigen orientierte Politik betreibt. Am 9. Februar 1807 schreibt er an den Prinzen von Benevent: *Ce nouveau lien, en mettant ma maison et mes etats sous la protection immediate de La Majesté l'Empereur et Roi, m'offre une perspective de bonheur et de Tranquilite pour l'avenir, dont je n'aurais oser me flatter de jouir sans cette puissante égide.* (Dieser neue Bund, der mein Haus und meine Verhältnisse unter den unmittelbaren Schutz Seiner Majestät des Kaisers und Königs stellt, bietet mir die Aussicht, eine Zukunft in Glück und Frieden zu genießen, wessen mich zu rühmen ich ohne diese mächtige Schirmherrschaft nicht gewagt hätte.)

Drei Tage nach dem Beitritt der Gothaer zum Rheinbund erfolgt am 15. Dezember 1806 der des Weimarer Herzogtums. Carl August ist noch immer abwesend. Erst am 29. Januar 1807 trägt Goethe in sein Tagebuch ein: *Kam Durchlaucht der Herzog zurück.*

Vier Tage zuvor ist der Geheimrat in einer Staatsangelegenheit aktiv geworden. Eine in der »Allgemeinen Zeitung« Nr. 13 vom 13. Januar behauptete Sonderstellung Gothas löst in Weimar Empörung aus. Am 24. Januar 1807 wendet sich Goethe daher an den Herausgeber der »Allgemeinen Zeitung«, seinen Verleger Cotta. Daß er in offiziellem Auftrag handelt, geht aus dem Schluß seines Briefes hervor: *Verzeihen Sie, daß ich abermals beschwerlich bin; allein ich konnte diesem Auftrag nicht ausweichen.* Über *neue Unannehmlichkeiten durch die Allgemeine Zeitung* berichtet er Cotta, *indem ein Artikel aus Gotha nicht privat- sondern öffentliche Verhältnisse verletzt. Man kann das darin behauptete nicht mit Stillschweigen übergehen, und verlangt höheren Ortes von mir nachstehendes an Sie … abzusenden, damit es gleichfalls in jene Zeitung eingerückt werde.* Der Text, den Goethe beilegt, hat folgenden Wortlaut: *Die Accessionsacte der fünf sächsischen Herzoge zum Rheinischen Bunde ist schon in öffentlichen Blättern abgedruckt erschienen. Daraus erhellet, wie grundfalsch das Vorgehen ist, als wenn dem Herzoglichen Hause Gotha ein wohlhergebrachter Vorrang vor den übrigen Ernestinischen Häusern auch in dieser Acte zugesichert worden sei.*

Einen *Vorrang* sichert sich der Gothaer Regent dann in der Tat im Sommer 1807. Emil August ist ein glühender Anhänger Napoleons. Goethe, stets Carl Augusts Neigung zu Preußen beargwöhnend, stimmt in diesem Punkt mit dem Gothaer Regenten überein. Auch er macht aus seiner Bewunderung für Napoleon keinen Hehl. Vom 3. Februar 1807 ist sein von Riemer aufgezeichnetes Urteil überliefert: *Außerordentliche Menschen, wie Napoleon, treten aus der Moralität heraus. Sie wirken zuletzt wie physische Ursachen, wie Feuer und Wasser.*

Emil August reist dem französischen Kaiser 1807 bis Dresden entgegen, lädt ihn nach Gotha ein.

Auf seinem Rückweg nach Paris will Napoleon auch in Weimar haltmachen. Dort hat man eine Bittschrift um Erlassung der verbleibenden harten Kontributionen vorbereitet. Zudem ist Napoleons Besuch wegen des Streites mit Gotha um den Vorrang für die Stellung im Rheinbund wichtig. Aber der Weimarer Herzog verpaßt die Gelegenheit. Sein Apparat ist so schwerfällig, daß niemand von Rang den Protektor an der Landesgrenze erwartet, und so fährt dieser unverzüglich nach Gotha weiter.

Dort bereitet ihm Emil August am 23. Juli ein triumphales Fest. *Am Fuße des Schlosses war eine Ehrenpforte zu seinem Empfang errichtet ... Indessen war die Stadt, und besonders schön das herzogliche Residenzschloß, erleuchtet worden.* Emil August läßt eigens für Napoleon ein Schlafgemach herrichten, dessen Deckenverzierung Napoleons Kopf als Sonne zeigt und den des Gothaer Herzogs als Mond. Emil Augusts Verehrung geht so weit, daß er Napoleons Kammerdiener überredet, ihm gegen eine goldene Dose Napoleons Hut zu überlassen. Noch heute ist er im Schloß Friedenstein zu besichtigen. Die Huldigungen zahlen sich in barer Münze aus. Friedrich Jacobs schreibt: *Eine Folge der Bekanntschaft war, daß dem Lande die auferlegte Contribution von 1 700 000 Francken erlassen wurde.* In der Tat ist Sachsen-Gotha-Altenburg das einzige der sächsischen Fürstentümer, dem die Kontributionszahlung erlassen wird.

Goethe verliert kein Wort über Napoleons Besuch in Gotha. Sein Fürst bemüht sich in Weimar in devoten Briefen an den französischen Kaiser um Aufschub der Kontributionszahlungen. Er beglückwünscht den *invincible héros* zu seinen neuen Siegen, am 28. Juli 1807 zu seiner Rückkehr nach Paris, schreibt von Hoffnungen auf baldigen Frieden, gibt sich als Schwiegervater der Zarentochter Maria Pawlowna zu erkennen, spricht den Wunsch aus, Napoleon bald aufwarten zu können, gratuliert ihm am 28. November zur Heirat von dessen Bruder Jérôme, teilt ihm den Tod seiner Mutter Anna Amalia mit; alles Versuche, auf sich aufmerksam zu machen, ein persönliches Verhältnis zu ihm zu gewinnen. Bereits seine Regierungsbeamten haben in seiner Abwesenheit in einem Brief vom 12. Dezember 1806 auf die literarische und wissenschaftliche Bedeutung des kleinen armen Landes hingewiesen, dessen jährliche Einnahmen sie mit *150 000 francs* beziffern, um das Mißverhältnis zu den geforderten Kontributionen anzudeuten. Pierre Daru, der Verwalter von Napoleons Kriegskasse, zeigt sich von all dem unbeeindruckt.

Auf dem Fürstenkongreß in Erfurt, zu dem Kaiser Napoleon 1808 einlädt, kann Carl August dann in Gestalt seiner beiden Dichter Christoph Martin Wieland und Johann Wolfgang von Goethe den geistigen Reichtum seines kleinen Landes vorführen.

Im Sommer 1808 kommt es in Karlsbad zu mehreren Begegnungen zwischen Emil August und dem Weimarer Dichter. (Bereits im Vorjahr war dessen Bruder

Prinz Friedrich in dem böhmischen Bad; ein fast freundschaftliches Verhältnis zu Goethe entsteht. Davon später.)

In Goethes Tagebuch vom 1. August 1808 der Eintrag: *Beabsichtigter Spaziergang mit den Kurländischen Frauenzimmern, durch den Herzog von Gotha aufgefangen und aufgehalten.* An Silvie von Ziegesar heißt es darüber am 3. August: *Die Paar Stunden die ich neben ihm auf dem Spaziergang zubrachte,* habe er Gelegenheit gehabt, *seinen Geist, seinen Witz, seine glücklichen Einfälle zu bewundern. Schade daß er nicht fühlt, oder fühlen will, wie hoch einem die Menschen ein Geringes anrechnen wodurch man sie verletzt, und wie sehr ihnen das seltsame fast mehr als das böse zuwider ist.*

Goethe spielt mit dem sibyllinischen Wort *das seltsame* auf das exzentrische Wesen des Herzogs an, das durch viele Zeitzeugnisse belegt ist.

Eines stammt von der Malerin Louise Seidler, die öfters bei ihren Verwandten in Gotha weilt und sich 1811 des längeren am Hof aufhält, denn sie hat den Auftrag, *den regierenden Herzog selbst und andere Mitglieder der Familie zu porträtieren.* Zu dem Zeitpunkt ist Emil August neununddreißig Jahre. Er sei *schön von Gestalt, seine Erscheinung* habe *etwas damenhaftes … Barock in allem, was er that, liebte er es, bisweilen mit einem türkischen Shawl drapirt oder in noch phantastischeren Costümen zu erscheinen. Gewöhnlich trug er eine à la Titus gelockte Perücke vom zartesten Blond, die in Paris verfertigt war. Der Herzogliche Bibliothekar und Sekretär, mein guter Onkel Jakobs, dieser gelehrte Philolog, mußte zu seinem größten Kummer sehr oft wegen der Allerhöchsten Perücke mit Pariser Friseuren correspondieren. Des Herzogs Finger – Daumen eingerechnet – strotzten von kostbaren Ringen, die Arme von Spangen und Armbändern. Oft, wenn er sich einbildete krank zu sein, blieb er wochenlang im Bette liegen. Dort ertheilte er Audienzen und empfing sogar Damen. Als ich mit meiner Tante mich einst nach seinem Befinden erkundigte, nahm er auch unsern Besuch in seinem Bette liegend an. Während des Gespräches streifte er den Ärmel seines weißen Nachtgewandes kokett bis an die Schulter zurück und zeigte uns den mit einer ganzen Reihe Armbänder prachtvoll geschmückten Arm. Den Kopf bedeckte eine Art Haube, mit kostbaren Spitzen garniert … Parfüms aus Paris verbrauchte er in Menge; ein besonderes Vergnügen fand er daran, Eintretenden ganze Gläser davon entgegenzuschütten.* Die Malerin genießt auch zuweilen, wie sie schreibt, *den Vorzug, mit ihm und seinem Kammerherrn allein zu speisen: nach der Tafel ging der Herzog auf und nieder und ließ sich von mir erzählen, oder tat in seiner originellen Art allerlei Fragen. So rief er eines Tages: ›Was macht Euer Kunstpapst?‹ Damit meinte er Goethe.*

Dieser als *Kunstpapst* Angesprochene erhält im Sommer 1808 in Karlsbad bereits einen Tag nach dem Spaziergang mit Emil August eine Einladung zum Herzog. Goethe muß ihm von dem in Karlsbad ansässigen Mineralienhändler und Steinschneider Joseph Müller, der zum Verkauf Proben von Gesteinsarten und Kristallen zusammenstellt, erzählt haben, und der Herzog bekundet offensichtlich sein Interesse, eine solche Sammlung zu besitzen. Goethe vermittelt, bereits am folgenden Tag notiert er in sein Tagebuch: *Zu Müller wegen der Sammlungen des Gothaer Herzogs.*

Noch mehrfach wartet er Emil August auf. Frau von Eybenberg berichtet er, er habe *sich nicht zu beklagen, ich wurde gut aufgenommen.* Bisher, fährt er fort, *scheinen Kapp* (ein Arzt) *und ich die einzigen, die sich nicht über ihn zu beschweren haben. Sonst bin ich selbst Zeuge von ganz schonungslosen Späßen geworden, mit denen er Fremde sogut wie eigene Leute geschoren und geschunden hat. Übrigens habe ich ihn einige Male wegen seiner treffenden Charakterisierungen und geistreicher Bemerkung bewundern müssen.*

An Carl August, der in Teplitz weilt, schreibt er in einem Brief, den er der dorthin reisenden Frau von Eybenberg anvertraut: *die zarten Lippen und die spitze Zunge dieser Freundinn* seien *im Stande eine weit bessere Schilderung der Karlsbader Vorkommnisse zu liefern als meine Feder. Denn wie sehr der Durchlauchtige Nachbar die Menschen in Erstaunen setzt, läßt sich schwarz auf weiß wirklich nicht ausdrücken.*

In den »Tag- und Jahresheften« resümiert Goethe über den *regierenden Herzog August von Gotha*, daß er *sich als problematisch darzustellen* und *unter einer gewissen weichlichen Form, angenehm und widerwärtig zu seyn beliebte.* Er sei *immer ängstlich* gewesen, *eine Einladung zu seiner Tafel anzunehmen, weil man nicht voraussehen konnte, welchen der Ehrengäste er schonungslos zu behandeln zufällig geneigt sein möchte.*

Überliefert ist, daß Emil August in seinen prachtvoll eingerichteten Gemächern auf Schloß Friedenstein Affen und Papageien hält, auch von einem Auerhahn, von Eichhörnchen und einem jungen Geier ist die Rede. In seinem Audienzzimmer hängt ein Gemälde von Josef Grassi, das ihn als nackten Genius zeigt. Vom Weimarer Hofmaler Jagemann läßt er sich lebensgroß in mittelalterlicher Tracht mit Federbarett malen, eine Gänseblume als Liebesorakel zupfend. Grassi porträtiert ihn mehrfach, Bilder von 1805 und 1813 sind überliefert und heute im Museum von Schloß Friedenstein zu sehen. Eines zeigt den Herzog in schwarzer spanischer Tracht. Grassi wird für seine Arbeiten mehr als fürstlich entlohnt, pro Quartal erhält er 1200 Taler. Die 1811 von Louise Seidler geschaffenen Gemälde sind verschollen, nur ein Bildnis ist überliefert, das wohl Emil Augusts Gattin, die Herzogin Caroline Amalie, zeigt.

Auch Goethe gibt der befreundeten Malerin Seidler Aufträge. Sie darf ihn porträtieren. Und 1816 entsteht das Gemälde »Der heilige Rochus«, das er am 10. Juli 1816 nach Bingen sendet und das 1819 seinen Platz in der Rochuskapelle bei Bingen findet.

1817 erhält die Malerin – gewiß durch Goethes Vermittlung – aus Carl Augusts Schatulle ein Jahresstipendium für die Münchner Kunstakademie. Sie macht Abschiedsbesuche bei ihren Verwandten in Gotha. Ihr wird auch *eine Audienz vom Herzog August bewilligt, in welcher*, erinnert sie sich, *er mir einen letzten, wunderbaren* (hier im Sinne von wunderlichen) *Auftrag er-*

theilte. Er beschäftigte sich nämlich damals gerade mit der indischen Religion und nahm an, daß Brahma, Wischnu und Schiwa das Nämliche, wie unsere Dreieinigkeit wäre. Er sprach lange mit mir darüber und stellte mir endlich die Aufgabe: Christus als Wischnu zu malen; er müsse Perlmutt-Augen haben, die Fingernägel seien mit Alhenna – jener Wurzel, die im Orient von den Weibern zum Schminken gebraucht wird – roth gefärbt, auf der Brust erblicke man einen Fisch u. s. w. Mir schwindelte der Kopf; ich verneigte mich und stammelte etwas wie: ›Ich will's versuchen!‹

In ihrer Münchner Zeit nimmt sie dann tatsächlich *jene wunderliche Bestellung in Angriff, welche mir Herzog August von Gotha noch scheidend aufgetragen.* Sie vertieft sich in die indische Mythologie, liest Abhandlungen über die Geschichte und Altertümer Asiens; *aber*, berichtet sie, *der Auftrag war und blieb unsinnig.* Sie gibt sich *unsägliche Mühe.* Als das Bild nach Gotha gelangt, findet es nicht die Zustimmung des Herzogs. Er äußert sich in einem *sehr sarkastischen Brief.* Aber er entlohnt sie gut. *Ein sehr reichliches Honorar,* heißt es, *das diesem Schreiben beilag, tröstete mich einigermaßen über die herbe Kritik, welche er über mein Bild ergehen ließ.*

Bereits für das Jahr 1811 hält Louise Seidler fest: *Um die Regierung kümmerte sich Herzog August wenig; diese war lediglich seinen trefflichen Ministern überlassen.* Ein Zeugnis von Louis Spohr übermittelt, wie Emil August mit den Amtsgeschäften umging: *Genöthigt, pro forma den Sitzungen des Geheimrates beizuwohnen, langweilte er sich bei dem dort Verhandelten fortwährend und suchte es daher möglichst abzukürzen, indem er seine Teilnahmslosigkeit selbst persiflierte. ›Wollen die Herrn Geheimräte nun nicht bald die Gnade haben zu befehlen, was ich befehlen soll‹.*

An den Künsten dagegen zeigt er Interesse. Aber er ist kein zielgerichteter Kunstförderer und Sammler wie sein Vater, sondern folgt eher spontan seinen Vorlieben. In seiner Amtszeit blüht vor allem das Musikleben auf. Von 1805 bis zu seinem Weggang nach Wien 1812 ist besagter Spohr Hofkapellmeister in Gotha. Emil August legt auf Schloß Friedenstein eine Ägyptensammlung an und begründet das »Chinesische Kabinett«. Er tritt als Kunstmäzen hervor; noch als er Erbprinz ist, besucht ihn der Dichter Jean Paul, die beiden stehen in Briefverkehr. Als Jean Paul 1804 seine »Vorschule der Ästhetik« publiziert, widmet er das Buch dem Regenten, in der Hoffnung, mit einer Pension ausgezeichnet zu werden. Allerdings vergeblich.

Karl Maria von Weber, der Emil August 1814 trifft, urteilt, er sei *außerordentlich und sein Witz sei anziehend und brillant …, sein gutes Herz* werde *zu oft verkannt, da er allerdings oft etwas scharf mit seinem Witze die Torheiten der anderen geißelt.* Jean Paul nennt ihn einen *personifizierenden Nebel* und fügt hinzu: *Hätte er ein Herz, sein Dichterkopf wäre der größte.*

Er spielt damit auf Emil Augusts Ehrgeiz an, selbst als Schriftsteller hervorzutreten. 1805 erscheint anonym sein Hirtenroman mit dem griechischen Titel

»Kyllenion« und dem Untertitel »Ein Jahr in Arkadien«. Wilhelm Grimm nennt das Buch seinem Bruder Jacob gegenüber eine *sehr langweilige, mit dem schrecklichsten Wortballast überladene Idylle.*

Möglicherweise fürchtet Goethe, neben anderen unangenehmen Überraschungen, daß der junge Herrscher ihn als literarischen Berater heranziehen könnte. Diese undankbare Aufgabe hat der Gothaer Altphilologe Friedrich Jacobs, jener von Goethe und Schiller in den »Xenien« wohl zu Unrecht Angegriffene. Louise Seidler berichtet, Emil August hätte *gern ... auch als Schriftsteller geglänzt, allein die literarischen Arbeiten des Herzogs, an denen mein Onkel Jacobs die Verse schmieden mußte,* seien – *obwohl nicht ohne Geist und Witz – im Ganzen doch sehr confus.* Friedrich Jacobs hat also nicht nur wegen der herzoglichen Perükke mit den Friseuren in Paris zu korrespondieren, sondern auch die literarischen Ergüsse des Herrschers zu bearbeiten. Zu den unmöglichsten Zeiten wird er zu diesem Zweck ins Schloß gerufen. (Vielleicht hat ihn diese Zumutung 1807 bewogen, einen Ruf nach München in den höheren Schuldienst anzunehmen. 1810 aber kehrt er zurück, Emil August ernennt ihn zum Oberbibliothekar und Direktor des Münzkabinetts.)

Es bedarf kaum einer weiteren Begründung, warum Goethe wenig Interesse zeigt, zu dem neuen Regenten in Gotha in ein persönliches Verhältnis zu treten. Im Gegenteil, er hält sich sogar bewußt zurück. Nicht ein einziger Besuch Goethes auf Schloß Friedenstein ist überliefert.

Emil August dagegen sucht den Kontakt, vor allem wenn er in Weimar ist. So 1810. Mehrmals begegnen sich Goethe und der *Durchlauchtige Nachbar*, unter anderen in einer Gesellschaft bei der Geliebten des Herzogs, Frau von Heygendorff. Im Dezember 1812 gibt Iffland einige Vorstellungen in Weimar. Der Fürst kommt von Gotha herüber, um den berühmten Schauspieler zu sehen.

Goethe empfängt Emil August mit seinem Kammerherrn von Wangenheim auch in seinem Haus, zeigt ihnen die schönsten Stücke seiner Sammlungen. Möglicherweise gibt es ein Gespräch über den jungen Iffland, seinen Karrierestart in Gotha, als Conrad Ekhof, gefördert von Emil Augusts Vater, dem ersten festen Schauspielensemble Deutschlands in Gotha vorstand.

Im März 1815 – Goethe lebt zurückgezogen, schreibt am »West-östlichen Divan« – ist der *Durchlauchtige Nachbar* wiederum für einige Tage in Weimar. Er äußert die Bitte, den Dichter auf dem herzoglichen Schloß zu sehen. Goethe entschuldigt sich, *er sei in Verzweiflung, daß ältere und neuere Uebel ihn schon seit geraumer Zeit hinderten, glänzenden Gesellschaften beizuwohnen*. Emil August begehrt daraufhin am Frauenplan empfangen zu werden. Goethe folgt diesem Wunsch; der Besuch verläuft offenbar ohne Zwischenfälle. An Christiane berichtet er nach Jena: *Er war sehr gnädig und wohlwollend. Diesen Charakter hat er auch diesmal nicht überall behauptet.*

13

Ganz anders entwickelt sich Goethes Verhältnis zu Prinz Friedrich, den er ebenfalls bereits seit dessen Kindheit kennt.

1807 sehen sich die beiden nach langer Zeit in Karlsbad. Mit neunzehn Jahren hat der Prinz am Feldzug gegen Frankreich teilgenommen und ist schwer verwundet worden. Offenbar als Folgeerscheinung dieser Kriegsverletzung wird er seit 1803 von Starrkrämpfen befallen, die ihn zeitweise völlig bewegungslos machen. Zur Linderung seiner Leiden sucht er Bäder auf, lebt im Süden, unter anderem in Rom. Ende 1806 kommt er nach Gotha zurück und bezieht das Palais seines verstorbenen Onkels Prinz August, in dem Goethe so oft zu Gast war.

1807 ist Friedrich dreiunddreißig. Goethe scheint Gefallen an ihm zu finden. Mehrfach erwähnt er ihn in seinem Tagebuch. 21. Juli: *Nach Tische bey Prinz Friedrich von Gotha.* 2. August: *Abends beym Prinz Friedrich von Gotha, wo Himmel seine Composition … vortrug.* Ein Konzert also, bei dem er vielleicht erstmals, wie er später Zelter schreiben wird, die *hübsche und gebildete Tenorstimme* des Prinzen hört. Am 11. August ist Goethe wiederum sein Gast: *Abends zu Prinz Friedrich ins Conzert. Einige neue Bekanntschaften.* Am 19. August notiert er: *Gegen Abend bey der*

Prinzeß Solms mit dem Prinzen von Gotha, wo gesungen wurde. Dann zu Hause. Nachher bey dem Prinzen von Gotha zum Thee; waren Reichards da, wurde aus der französischen Correspondenz gelesen.

Von Karlsbad geht der Prinz erneut nach Italien. Sein Interesse an antiken Werken, geweckt gewiß bereits als Kind von seinem Vater und dem Bildhauer Doell, ist groß. Er betätigt sich als Sammler, läßt auch selbst Ausgrabungen vornehmen. Als er im Sommer 1810 nach Gotha zurückkehrt, finden die Kunstwerke in seinem Palais ihren Platz. Dennoch besucht ihn Goethe dort nie. Vermutlich, weil die Höflichkeit zunächst eine Vorstellung beim Regenten auf Schloß Friedenstein erfordern würde.

Am 2. Dezember 1810 dann jener bereits erwähnte Besuch Emil Augusts in Weimar. Friedrich begleitet seinen Bruder. Goethes Eintrag von diesem Tag: *Musik. Herzog von Gotha, Prinz Friedrich von Gotha, Durchlaucht der Erbprinz, mehrere Damen und Herren* ... Am 4. Dezember: *Vor Tafel zu Prinz Friedrich.*

Am Abend: *Thee, Concert und Souper* bei Herzogin Louise. Bei dem Konzert lassen sich Sänger der Weimarer Bühne hören; *Madame Müller und Brand* notiert Goethe, und: *sodann Prinz Friedrich und Brizzi.*

Goethe scheint der Gesang des Prinzen zu gefallen. 7. Dezember: *Vor Tafel bey Prinz Friedrich von Gotha. Nachher bey Hofe. Abends Musikprobe.* Vermutlich wird für das Konzert geübt, das am Sonntagvormittag am Frauenplan stattfinden soll. Knebel, der am Samstag zu Besuch ist, wird vom Hausherrn überredet, *den anderen Morgen noch zu seinem Konzert in Weimar zu bleiben und bei ihm zu logieren.* Am 9. Dezember dann Goethes Notiz: *Gesang. Große Gesellschaft, Prinz Friedrich von Gotha.*

In jenen Dezembertagen mag Goethe ihm versprochen haben, eine Gesangsszene für ihn zu schreiben. In einem Brief des Prinzen vom 31. Januar 1811 findet sich das Wort *Rinaldo* mit einem Fragezeichen. Goethe antwortet am 6. März mit einer Entschuldigung, *die Zerstreuung* sei *so groß* gewesen, er sei nicht dazu gekommen. Aber er erläutert, was er zu entwerfen gedenke: die Kantate Rinaldos nach der Armida-Episode aus Torquato Tassos »Befreitem Jerusalem«. Das Versprochene scheint ihm *günstig für eine Szene, die nur von einer Solostimme, begleitet durch einen Chor, soll ausgefüllt werden. Mißfällt der Gegenstand Ew. Durchlaucht nicht ganz, so hoffe ich ehestens damit aufzuwarten.*

Am 24. März der Tagebucheintrag: *Rinaldo, Szene für den Prinzen von Gotha ajustirt und mundirt.* 25. März: *nahm mich zusammen, um die längst entworfene Scene auszuführen.* An diesem Tag schickt er sie nach Gotha, fügt hinzu: *möge sie den trefflichen Winter veranlassen, etwas recht Erfreuliches hervorzubringen.* Den Kapellmeister Peter von Winter hat der Prinz für die Vertonung der Szene gewählt. Goethe hofft, *das Ew. Durchlaucht, wenn gedachte Composition ankommt, sich recht wohl befinden mögen, um den jungen Helden mit Lust und Behagen darzustellen.*

Friedrich bedankt sich überschwenglich. Bereits am

5. Oktober 1811 trifft er mit der fertigen Partitur des Tonsetzers Winter in Weimar ein; *beym soeben angekommenen Prinzen Friedrich* notiert Goethe an diesem Tag. Am 14. November wird die Kantate aufgeführt: *Thee bey der Hoheit und Conzert.* Am 18. nochmals: *Musick Prinz Friedrich …*

Goethe schickt Winters Partitur an seinen Altersfreund Carl Friedrich Zelter nach Berlin mit der Bemerkung, die Kantate *gewährte, durch des Prinzen anmutige Tenorstimme vorgetragen, von Chören begleitet, einen schönen Genuß.* (Noch viele Jahre später erinnert er sich daran; in einem Brief vom 28. April 1829 an Zelter kommt er auf die *Cantate* zurück. *Hiebey fällt mir ein, daß du noch eine Partitur bey dir hast von meiner Cantate Rinaldo für Prinz August von Gotha* (Prinz Friedrich muß es heißen), *komponirt von Winter. Ich besitze die Stimmen noch; und gar manche wundersame Erinnerungen knüpfen sich an dieses Opus. Laß es mir daher wieder zukommen, wenn du es finden kannst.*)

Die wenigen erhaltenen Briefe des Prinzen zeugen von Hochachtung Goethe gegenüber: *ich nenne mich mit Feder, Mund und Herz Ihr treuverehrender und liebender Freund und Diener Friedrich P. z. S. G.* (Prinz zu Sachsen-Gotha).

Auch zu Goethes Ehefrau entwickelt er ein freundschaftliches Verhältnis. Das geschieht 1812 in Karlsbad, wo Christiane erstmals mit ihrem seit Mai bereits im Bad weilenden Ehemann zusammen ist. Am 19. Juni trifft sie mit ihrer Gesellschafterin Caroline Ulrich ein. Drei Tage später die Ankunft des Prinzen. Goethes Eintrag vom 22. Juni: *kam Prinz Friedrich von Gotha* an, *und ich besuchte denselben*. Bereits den nächsten Tag: *mittags bey dem Prinz Friedrich*. Offenbar speist er allein mit ihm. Am 24. Juni aber stellt er seine Frau und ihre Gesellschafterin vor: *mit den Frauenzimmern bey Prinz Friedrich*.

Dann folgen zwei Abende, an denen Goethe im Haus des Prinzen aus seiner Autobiographie »Dichtung und Wahrheit« liest. 24. Juni: *Abends bey Prinz Friedrich. Vorlesung des sechsten Buches*. 25. Juni: *Abends bey Prinz Friedrich, Vorlesung der 1. Hälfte des 7. Buches*.

Vom 28. Juni bis zum 11. Juli immer wieder Begegnungen. Fast jeden Abend kommt Prinz Friedrich mit seinem Gefolge oder allein zu Goethe. Und lädt nicht nur ihn, sondern auch seine Frau zu sich ein. *Jedermann benimmt sich gegen uns sehr freundlich ... vorzüglich aber der Prinz von Gotha, bei dem wir gestern sämtlich gespeist und sehr gute Musik gehört haben*. Es scheint fast, als ob er in die Familie aufgenommen werde. 7. Juli: *unter uns, Prinz Friedrich*. 8. Juli: *Prinz Friedrich. Letzterer kam zu uns und blieb bis nach acht Uhr*.

Am 11. Juli: *Mittag im sächsischen Saal; feyerte Prinz Friedrich den Geburtstag der Herzogin von Gotha*. Es ist Charlotte Amalie, die Goethe fast immer kränklich und leidend erlebt hat, nie aber versäumte, sie zu besuchen, in ihrem *Garten*, dem *Kloster* oder in ihren Gemächern auf Schloß Friedenstein.

Nach dem Tod Ernsts II. 1804 beginnt die Herzogin ein neues Leben. Sie folgt ihrer Neigung zum Leiter der Gothaer Sternwarte Franz Xaver von Zach, schenkt ihm die von ihrem Gatten erworbenen zwei Büsten des französischen Astronomen Jerôme de Lalande, ernennt ihn zu ihrem Oberhofmeister. Gemeinsam mit ihm – ein ungewöhnlicher Schritt – verläßt sie Gotha, kehrt der Residenzstadt für immer den Rücken. Nach einem kurzen Wanderleben lassen sich die beiden im Norden Italiens, in Genua, nieder.

Einen Tag nach der Geburtstagsfeier berichtet Goethe Frau von Stein nach Weimar: *Prinz Friedrich von Gotha ist hier und seine Gegenwart sehr freundlich und belebend.*

Am 13. Juli fährt er nach Teplitz. Carl August hat ihn gerufen. Auch die österreichische Kaiserin Maria Ludovica hält sich in Teplitz auf. *Fast alle Morgen habe ich das Glück gehabt, der Kaiserin vorzulesen*, schreibt er am 19. Juli an die in Karlsbad zurückgebliebene Christiane.

Genau an diesem 19. Juli 1812 treffen sich Goethe und Ludwig van Beethoven erstmals. Goethe vermerkt in seinem Tagebuch: *Beethoven Begegnung.* Von Beethoven ist auch in seinem Brief vom 19. an Christiane die Rede. Goethe kündigt ihr seine Rückkehr nach Karlsbad an, seine *Absicht* sei, *Sonntag hier abzureisen und also Montag Mittag bei euch zu sein.* Und er trägt ihr auf: *Sage Prinz Friedrich Durchlaucht, daß ich nicht mit Beethoven sein kann, ohne zu wünschen, daß es im ›Goldenen Strauß‹ geschehen möge* (dem Haus, in dem der Prinz mit seinem Gefolge sein Quartier hat); und über Beethoven: *zusammengefaßter, energischer, inniger habe ich noch keinen Künstler gesehen. Ich begreife recht gut, wie er gegen die Welt wunderlich stehn muß.*

Goethe wünscht, mit Ludwig van Beethoven auch in Karlsbad zusammen zu sein. Dieses Treffen in den Gemächern des Prinzen aber kommt nicht zustande. Vielleicht weil, nach Beethovens Aussage, Goethe *die Hofluft* zu sehr behagt.

Der Komponist und der Dichter verbringen in den nächsten Tagen in Teplitz viele Stunden miteinander. Goethes Tagebuch, 20. Juli: *Abends mit Beethoven nach Bilin zu gefahren.* 21. Juli: *Abends bey Beethoven. Er spielte köstlich.* 23. Juli: *Bey Beethoven.* Am 24. Juli berichtet Goethe enthusiastisch den Musikverlegern Breitkopf und Härtel nach Leipzig: *täglich* sei er *mit* Beethoven *zusammen, er verspricht mir ETWAS zu schreiben* ... Beethoven dagegen meint wenig später, am 9. August, ebenfalls in einem Brief an Breitkopf und Härtel: *Goethe behagt die Hofluft sehr. Mehr als einem Dichter ziemt.*

Vom Auftritt des Schauspielers Iffland im Dezember 1812 in Weimar war schon die Rede. Der Gothaer Herzog wird von seinem Bruder begleitet, dieser ist, seines schlechten Gesundheitszustandes wegen, sowohl zum Besuch der Komödie als auch zur Aufwartung am Frauenplan unfähig. Goethe schreibt ihm bedauernd am

3. Januar: *Noch bis auf die letzte Vorstellung hoffte ich, Eure Durchlaucht hier zu verehren. Allein das Vergnügen, daß uns der unübertreffliche Schauspieler gewährt, war leider besonders in meinem Hause durch Euerer Durchlaucht Fernbleiben sehr verkümmert. Die Frauenzimmer wollten sich gar nicht zufrieden geben.*

Christianes Mütterlichkeit. Dem Schreiben ihres Gatten werden *zwei Fäßchen mit Eingemachtem* beigegeben. Bereits am 5. Januar die Antwort, der Prinz bittet ihn, der *Frau Geheimden Räthin* seinen *aufrichtigen, freundlichen Dank für die einzig vortreffliche Zubereitung des wohltuenden, stärkenden Gerichts* zu übermitteln. Er nennt Goethes Frau *seine Wohltäterin und Karlsbader Pflegerin, die ihm recht wert und lieb geworden sei.*

Außer dem freundschaftlichen Verhältnis zum Prinzen und dem eher distanzierten zum Herzog hat Goethe vielfache Brief- und Besuchskontakte zu Gotha.

Da ist zum einen der langjährige Staatsminister Sylvius von Frankenberg. Seit 1765 ist er im Amt, arbeitet bereits unter dem dritten Regenten. Und es gibt Jüngere, so den Freiherrn Karl Ernst Adolf von Hoff. Als Gothaer Beauftragter für die Jenaer Universität hat Goethe mit ihm zu tun. Darüber hinaus tauscht man sich in Kunstfragen aus. Von Hoff ist Leiter der herzoglichen Sammlungen auf Schloß Friedenstein. Goethe notiert am 2. Juni 1823: *Geh. Legationsrat v. Hoff, die Revisionsbogen wegen des Tempels zu Pozzuoli nach Gotha.* Zudem sind beide an geologischen Fragen interessiert. Am 11. Oktober 1828 schickt Goethe seinem jungen Freund Frédéric Soret die *schätzenswerten neuesten Arbeiten* von Hoff; *einige Bogen der Einleitung, zu deren Abschluß nur noch wenige Blätter fehlen.* Es geht um Höhenmessungen von Orten und Bergen zwischen Gotha und Coburg.

Und da ist der Astronom Bernhard August von Lindenau. Louise Seidler malt 1811 sein Porträt, im Hintergrund ist die Gothaer Sternwarte zu sehen. Lindenau ist als deren Direktor Nachfolger von Zach, der, obgleich abwesend, die Leitung formal noch eine Zeit innehat.

Im Oktober 1811 bestätigt Goethe das von Lindenau *übersendete reichhaltige Heft über den Kometen von 1811.* Er dankt ihm am 17. September 1812 dafür und nennt die Astronomie ein *herrliches Fach (wenn man Fach nennen darf, was alles umschließt)*, er legt Lindenau die Sternwarte auf dem Gothaer Seeberg (die unter Herzog Emil August kaum Förderung erfährt) dringlich ans Herz: *Ew. Hochwohlgeboren haben gewiß die Güte ... den Jenaischen östlichen Vorposten Ihrer großen Anstalt noch besonders freundlich zu behandeln.*

Auch Goethes Handschriftensammlung vermehrt Lindenau. Er ist ein Sammler und großer Kunstkenner.

1813 gibt er die Leitung der Sternwarte ab zugunsten einer politischen Karriere in sachsen-gotha-altenburgischen Diensten. Er gehört zu jenen *trefflichen Ministern*, denen Herzog Emil August die *Regierung überläßt.*

Auf dem Gebiet des Theaters gibt es wenig Kontakte zwischen Weimar und Gotha.

Am 20. Oktober 1807 notiert Goethe in sein Tagebuch: *Abends bey der Hoheit, wo Spohr und seine Frau von Gotha, er auf der Violine, sie auf der Harfe sich hören ließen.*

Im Herbst 1809 kommt Spohr zur Aufführung seiner Oper »Alruna, die Eulenkönigin« nach Weimar. Goethe wohnt den Proben bei. Spohr berichtet: *Wurde die Oper unter meiner Leitung recht gut exekutiert. Sie gefiel allgemein, und man überhäufte den Komponisten mit Lobsprüchen. Auch Herr von Goethe sprach sich lobend darüber aus. Nicht so gut kam der Dichter* – gemeint ist der Librettist – *ein Kandidat der Theologie, der in Gotha seiner Anstellung harrte ... weg. Goethe hatte allerhand an dem Buche auszusetzen ...* Spohr zählt Goethes Einwände auf, der *Kandidat* erklärt sich auch bereit, *die verlangte Abänderung vorzunehmen, konnte ... aber nicht gleich dazu kommen.* Spohr schreibt: *Mir war das lieb; denn, mit Ausnahme weniger Nummern, hatte mir meine Musik auf der Probe in Weimar nicht genügt. Endlich wurde mir der Gedanke, sie aufgeführt zu sehen, so fatal, daß ich die Partitur zurücknahm.*

1812 wird Spohr nach Wien berufen. Der neue Musikdirektor Vincenzo De Cesaris gibt bereits ein Jahr später ein Gastspiel in Weimar. Am 28. Januar 1813 notiert Goethe: *Abends in der Probe zu Agnes. Decesaris aus Gotha.* Am 31. Januar dann: *Bei Aufführung der Oper Agnese.*

Für wert hält er auch aufzuzeichnen, wenn ihm Gäste von Gothas Gegenwart und Vergangenheit berichten. So heißt es am 11. Juni 1808: *Frau von Buchwald selig; wie auch von mancherley Hof- und Familiengeschichten ... die Geschichte der heimlichen Heirat des Herrn von Ende* (Hofmarschall), *sowie die Geschichte von dem Capital, das Frau von Buchwald auf Leibrenten an das Waisenhaus in Gotha gegeben.* Und am 22. Juni desselben Jahres: *Abends zu Ziegesars. Geschichten besonders den Geheimen Rat Frankenberg betreffend. Über seine Art Geschäfte zu führen ... Andere Geschichten bey Gelegenheit der Heirat des Herzogs.*

Über Besuche aus Gotha freut sich Goethe besonders, wenn es sich um junge Damen handelt. So vermerkt das Tagebuch am 30. Oktober 1808: *Demoiselle Gotter aus Gotha.* Im Sommer 1807 lernt Goethe die Tochter des 1797 verstorbenen Gotter, seines Freundes aus Wetzlarer Zeiten, kennen, der seinen »Götz« für eine Aufführung in Gotha abgelehnt hatte und mit dem er auch später wenig Kontakt pflegte. Sein freundliches Urteil in »Dichtung und Wahrheit« mag mit der Bekanntschaft zur Tochter zusammenhängen, die wohl eines seiner *Äugelchen* in Karlsbad ist. Mit Caroline Schlegel-Schelling befreundet, wird sie nach deren Tod die zweite Frau Friedrich Wilhelm Joseph Schellings. Aber nicht nur der Besuch der *Demoiselle Gotter aus Gotha* erfreut Goethe, auch eine *Demoiselle Caspar, die jüngere, aus Gotha kommend,* wird am 20. Februar 1809 erwähnt. Es ist die Schwester der Schauspielerin Fanny Caspar.

4. Oktober 1811: *Mittags bey Hofe. War der Herzog von Coburg* (Ernst III.) *angekommen. Nach Tafel lustiger Pferdehandel mit Fräulein de Huit* (aus Gotha).

Bei den fast täglichen Besuchern aus In- und Ausland im Haus am Frauenplan, bei Goethes vielen Korrespondenzpartnern relativieren sich die Einträge zu Gotha selbstverständlich, zum Teil erscheinen sie auch marginal; dennoch belegen sie, daß sein Kontakt zur Nachbarstadt nicht abbricht.

Auch in Kunstfragen nicht. *Ankunft des Jupiters aus Gotha und Aufstellung desselben*, hält er am 7. November 1819 in seinem Tagebuch fest. Es ist ein Gipsabguß der bei Otricoli aufgefundenen Kolossalbüste, die die Reise von Gotha nach Weimar macht.

Einen Besucher müssen wir noch erwähnen. *General v. Müffling mit einem Begleiter ein Stück von dem Gera'schen Meteorstein vorzeigend*, so Goethes Notiz am 7. November 1819. Den Freiherrn Friedrich Carl Ferdinand von Müffling, preußischer Feldmarschall, Militärschriftsteller und Geodät, kennt Goethe schon lange. Müffling soll ihm als Urbild für seinen Hauptmann im Roman »Die Wahlverwandtschaften« gedient haben. Als junger Mann nimmt er 1803 an der von Franz Xaver von Zach geleiteten trigonometrischen Vermessung Thüringens teil. 1806 kämpft er mit Carl August auf preußischer Seite, gehört dem Corps des Herzogs an. Nach der Niederlage der Preußen beruft ihn Carl August 1808 zum Mitglied des Weimarer Geheimen Consiliums. 1813 verläßt er die thüringische Stadt, um sich Blücher anzuschließen. An der Leipziger Schlacht nimmt er als Generalmajor teil. 1815 sorgt er als Gouverneur von Paris dafür, daß das von Napoleon geraubte Kunstgut zurückkehrt, unter anderem die Quadriga nach Berlin.

1820 wird er vom preußischen König zum Chef des Generalstabs der preußischen Armee ernannt. Dieser Müffling gibt uns das Stichwort, noch einmal ins Jahr 1808 zurückzukehren.

14

Im Herbst 1808 ruft Napoleon die gekrönten Häupter Europas zu sich. Allen voran den russischen Zar Alexander, die deutschen Könige aus Sachsen, Bayern, Württemberg und Westphalen, den Fürstprimas Dalberg, den Großherzog von Hessen, die Herzöge von Gotha und Weimar, den preußischen Prinz Wilhelm und Baron Vincent, den Vertreter des österreichischen Kaisers.

Napoleon steht im Zenit seines Ruhms. Er ist in Ägypten und Italien einmarschiert. 1805 sein Sieg bei Austerlitz über die vereinigten Armeen von Rußland und Österreich. 1806 der über Preußen. Sein Krieg mit Spanien, er setzt das spanische Königshaus ab. Außer Schweden und der Türkei sind alle Staaten des europäischen Festlandes von ihm erobert und gleichgeschaltet worden; sie sind gezwungen, sich mit ihm zu arrangieren. England ist isoliert, 1806 verhängt Napoleon die Kontinentalsperre. Im Herbst 1807 zieht er in Portugal ein. Im März 1808 bricht in Spanien ein Aufstand gegen die napoleonische Fremdherrschaft aus (bis 1814 wird der erbitterte Widerstand dort anhalten).

Der Kaiser will den russischen Zaren für sich gewinnen, damit dieser Österreich in Schach hält und er freie Hand in Spanien hat. Und er will unmißverständlich ein Zeichen setzen: allen furchteinflößend seine grenzenlose Macht demonstrieren.

Zum Schauplatz des Treffens wählt er eine thüringische Stadt, unmittelbar zwischen Gotha und Weimar gelegen: Erfurt. Einst zu Kurmainz gehörend, dann preußisch, nun in seinem Besitz. Hier findet vom 27. September bis 14. Oktober 1808 der Fürstenkongreß statt.

Napoleon inszeniert sich in pompöser, alles in den Schatten stellender Weise. 57 000 Soldaten, ausgewählt nach Größe und Schönheit, sind mit ihm gekommen, umgeben ist er von seinen zumeist jungen Marschällen, die er mit klangvollen Adelstiteln versorgt hat. Allabendlich spielt das Théâtre français, dreißig Schauspieler, an ihrer Spitze der berühmte François-Joseph Talma, sind aus Paris herbeigeeilt, auch die Bühnendekorationen werden von dort herangeschafft. Der Kaiser bestimmt, was gespielt wird, mit dem Zar sitzt er allen sichtbar in der ersten Reihe.

Napoleon residiert im schönsten Gebäude von Erfurt, in der Statthalterei. Er umgibt sich mit größtem Glanz. Aus Paris stammen Tafelsilber, Kandelaber, Kunstgegenstände und zum Teil auch das Mobiliar, zum Teil aber werden eilig aus Gotha Teppiche und von dortigen Kunstschreinern gefertigte polierte Möbel geholt.

Napoleons *levers* (Morgenempfänge) dienen ausschließlich machtpolitischen Zielen. Der Kaiser verteilt Lob und Tadel und selbstredend auch gezielte Demütigungen, indem er zum Beispiel deutsche Könige und Kleinfürsten, unter ihnen Herzogin Louise, stundenlang in seinen Vorzimmern warten läßt.

Nach seinen Eroberungszügen und Siegen kann sich niemand in Europa mehr sicher fühlen, alle fürchten ihn, und Napoleon segelt in Erfurt auf einer Woge von Schmeicheleien. *Die Huldigungen, die man ihm darbrachte, sowohl die aufrichtigen, als auch die erzwungenen und die erheuchelten gingen ... ins Ungeheuerliche*, schreibt später sein Außenminister Talleyrand. Von *verbalen Kriechereien* ist in dessen »Mémoires« die Rede: *An den großen Höfen bückt man sich, an kleinen wirft man sich auf den Boden, und der Fürst mit, wenn er machtlos geworden ist. Ich habe damals in Erfurt nicht einen Mann gesehen, nicht einen! der es gewagt hätte, furchtlos und frei die Hand auf die Mähne des Löwen zu legen.*

Eine vergleichsweise originelle Schmeichelei ist vom Gothaer Herzog Emil August überliefert. Bei einem Essen fällt Napoleon auf, daß dieser nichts zu sich nimmt. *Leben Sie vielleicht von der Luft?*, soll der Kaiser ihn gefragt und dieser mit einer Verbeugung – auf das Porträt an der Decke des Schlafgemaches beim vorjährigen Besuch auf Schloß Friedenstein anspielend – erwidert haben: *Nein, sondern von den Strahlen der Sonne.*

Und Herzog Carl August? Er wird von Napoleon mit besonderem Mißtrauen betrachtet. Zum einen sind die Vorgänge von 1806 noch im Gedächtnis, zum anderen verärgert ihn die Berufung des preußischen Offiziers Müffling in die Weimarer Regierung, vor allem aber sind es die engen verwandtschaftlichen Bindungen an das russische Zarenhaus.

Bereits vor Beginn des Fürstenkongresses schreibt der Beargwöhnte am 21. September 1808 bitter an seine Schwiegertochter Maria Pawlowna – sie ist die Schwester des Zaren: *Es scheint daß unsere Schutzgeister aufeinander stoßen; wir sind nicht mehr als die Absätze dieser Herren ...* Er ist ohne Illusion. Und das zu Recht.

Dafür spricht eine Anweisung Napoleons. Zufällig ist das seiner Erfurter Residenz, der Stattthalterei, gegenüberliegende Geleitshaus Eigentum von Carl August. Da die Verhandlungen mit dem russischen Zaren Napoleons Hauptanliegen in Erfurt sind und er bei Carl August Spionageabsichten vermutet, läßt er die Fenster der Statthalterei, die zum Geleitshaus hin gehen, zumauern.

Der befürchtete Verrat aber kommt keineswegs von dort, sondern aus seinen eigenen Reihen. Talleyrand, der vor einem Jahr zurückgetretene Außenminister Napoleons, in Erfurt dennoch anwesend, zieht seine Fäden, nähert sich dem einunddreißigjährigen Zar Alexander, bestärkt ihn im Nichtnachgeben den Forderungen Napoleons gegenüber; Erfurt wird der Schauplatz des gewiß kühnsten und folgenreichsten Verrats in der Geschichte der Diplomatie.

Napoleon ist ahnungslos, er denkt sich immer neue Bestrickungen aus, mit denen er Alexander zu beeindrukken und auf seine Seite zu ziehen hofft. Dazu gehört, daß er ihn zum Schlachtfeld von 1806 führen und ihm seinen Sieg erläutern will. Er äußert daher Herzog Carl August gegenüber den Wunsch, mit dem Zaren und dem gesamten Fürstentroß zu *Jagd und Tafel* nach Weimar zu kommen.

Carl August ruft daraufhin Goethe nach Erfurt. Dieser scheint zunächst dem Fürstenkongreß fernbleiben zu wollen, denn seiner Frau Christiane dankt er, *daß du mich herübergetrieben hast.* Zwei Tage schon brilliert der Kongreß mit ungeheurem Pomp und Aufwand, als Goethe am 29. September in Erfurt eintrifft. Er wird schnell Teil des Glanzes, lernt die Staatsmänner Talleyrand, Jean-Baptiste Nompère de Champagny, Hugues Bernard Maret und Pierre Daru kennen, besucht am Abend die französische Komödie, hat Gelegenheit, Napoleon zu beobachten; während der gesamten Vorstellung geht das Licht nicht aus.

Am 2. Oktober empfängt der französische Kaiser den deutschen Dichter. Unter anderem soll Napoleon sich in dem Gespräch zum »Werther« geäußert haben. Zeitlebens wird Goethe nichts darüber veröffentlichen, sich aber mündlich und in Briefen in gewichtigen Andeutungen ergehen, so daß seine Begegnung mit Napoleon bis heute mit einem Geheimnis umgeben ist.

Carl August ruft seinen Favoriten nach Erfurt, weil er dessen staatsmännischer Inszenierungskunst und seinem Geschick, Feste auszurichten, vertraut; Napoleons Wunsch nach *Jagd und Tafel* in Weimar muß erfüllt werden.

Am 4. Oktober verhandelt Goethe mit Napoleons Palastpräfekten über ein Gastspiel des französischen Theaters in Weimar. Noch am Abend des 4. Oktober verläßt er Erfurt, bereitet Napoleons Ankunft in Weimar vor.

Müffling, der die Oberaufsicht hat, widmet sich seiner Aufgabe offenbar widerstrebend, Goethe dagegen, der für das inhaltliche Konzept zeichnet, läßt sich einiges einfallen, unter anderem die Festdekoration. So stellt man im Schloßhof einen großen Obelisken mit den Namen der beiden Kaiser auf. Umgeben ist der Obelisk von rauchenden Opferschalen. Auf dem Windkollen bei Jena, dem heutigen Napoleonsberg, wird ein Leinwandhäuschen errichtet. Seine Inschrift verkündet die an das Fürstentreffen gebundenen Hoffnungen auf Frieden:

Thüringen, altes Gebiet, vereinst die Götter der Erde
Staunende Völker verknüpft neueste Liebe durch Sie

Am 6. Oktober kommt der französische Kaiser mit dem Zaren und der *Monarchenflut*, wie Goethe sagt, nach Weimar. Am Morgen findet auf dem Ettersberg eine große Treibjagd statt. 47 Hirsche, fünf Rehböcke, fünf Hasen und ein Fuchs werden erlegt. Dann gibt es ein spätes Essen im Schloß. Die Anordnung der kaiserlichen Tafel ist überliefert, Napoleon und der Zar an der Stirnseite, im Halbrund die übrigen gekrönten Häupter, an den Enden Carl August und sein Sohn, der Erbprinz. Am Abend wird im Weimarer Theater von der *Comédie Française* Voltaires »La mort de César« gegeben.

Am 7. Oktober bricht man zu dem Tempel auf dem Windkollen auf. Napoleon erläutert dem Zaren, wie er 1806 die Schlacht gewonnen hat. Anschließend ein Gabelfrühstück in einem Biwak-Zelt. Danach, auf ebenjenem Schlachtfeld, auf den Gebeinen Tausender Toter, eine Hasenjagd. Die Entrüstung darüber ist groß. Müffling hält sie in seinen Erinnerungen fest. Und er gibt noch ein weiteres Beispiel für Napoleons instinktlose Machtdemonstrationen. So läßt er bei einer Parade, zu der er Zar Alexander und dessen Bruder Konstantin einlädt, einzelne Soldaten vortreten, die von ihren Großtaten gegen die Russen im Feldzug von 1807 berichten, wieviel Russen sie getötet, wieviel sie gefangen genommen haben. Müffling schreibt, daß Russen und Deutsche diese Szene *roh und empörend* fanden.

Am Abend ein glänzender Ball im Festsaal des Weimarer Schlosses; Napoleon unterhält sich fast zwei Stunden mit dem fünfundsiebzigjährigen Wieland, bis dieser, vom Stehen ermattet, bittet, sich entfernen zu dürfen. Auch an Goethe richtet Napoleon einige Worte. Das Tagebuch hält darüber nichts fest. Später berichtet Goethe, der Kaiser habe ihm aufgetragen, ein Caesar-Drama, *einen Brutus im anderen Sinne zu schreiben.*

Dann kehrt die *Monarchenflut* nach Erfurt zurück. Die beiden Außenminister haben inzwischen ein Kompromißpapier verfaßt. Das Ende der Verhandlungen. Eine

Einigung zwischen französischem Kaiser und russischem Zar kommt nicht zustande. Napoleon erreicht sein wichtigstes Ziel, eine Allianz mit dem Zaren gegen Österreich, nicht. Seinen Drohungen gegen die Habsburger schließt sich Alexander nicht an.

Das Ergebnis: Alexander erkennt Napoleons Neuordnung Italiens, die Absetzung der Bourbonen und die Besetzung des Kirchenstaates an, erhält dafür freie Hand in Finnland und Zusagen für die Walachei und Moldawien. Das Lebensrecht des Osmanischen Reiches wird vorerst garantiert.

Die Hoffnung, daß der Erfurter Fürstenkongreß die Ära der Kriege beendet, ist gescheitert. Napoleon führt seine Expansionspolitik fort. 1809 erklärt er Österreich den Krieg. Nach seinem Sieg heiratet er am 2. April 1810 die österreichische Kaisertochter Marie-Louise. (Seine Ehe mit Joséphine de Beauharnais annullierte er im Januar 1810.)

15

Längst werden Napoleons Kriege nicht mehr nur von französischen Soldaten geführt, sondern auch von den Kontingenten seiner Verbündeten. So ziehen Rekruten und Offiziere aus Thüringen über die Pyrenäen bis nach Katalonien; bis zum Januar 1810 lassen 580 thüringische Landeskinder dort ihr Leben. Als Napoleon 1809 den Krieg gegen Österreich beginnt, sterben Soldaten aus Thüringen vor allem in den Kämpfen gegen Andreas Hofer in Tirol. Die Verluste sind groß. Für das Jahr 1809 notiert Goethe in seinen »Tag- und Jahresheften«: *Abmarsch unserer Jäger nach Tirol, war traurig und bedenklich*. Die wenigsten kehren zurück.

Am 27. Januar 1812 erreicht die Rheinbundfürsten, unter ihnen Carl August in Weimar und Emil August in Gotha, der Befehl Napoleons, am 15. Februar ihre Truppenkontingente für einen Krieg gegen Rußland bereit zu halten.

Einen hohen Blutzoll haben Landeskinder aus Thüringen auch in diesem Feldzug zu entrichten. Von den 2000 thüringischen Soldaten, die gen Moskau ziehen, kehren nur 550 zurück, 120 davon nach Weimar, darunter ein einziger Offizier.

Bereits seit der preußischen Niederlage 1806 in Jena und Auerstädt wird die Presse in den unter Napoleons Protektorat stehenden Gebieten scharf von den Franzosen überwacht. Alles Antifranzösische wird geahndet.

Als warnendes Beispiel wird 1806 der Nürnberger Buchhändler Johann Philipp Palm, der das franzosenfeindliche Traktat »Deutschland in seiner tiefen Erniedrigung« von einem anonymen Verfasser vertreibt, vor ein Kriegsgericht gestellt, verurteilt und erschossen.

Mit dem Eintritt Napoleons in den Krieg gegen Österreich gibt es eine erneute Verschärfung der Zensur. Am 1. Februar 1809 ergeht ein Schreiben an alle Rheinbundstaaten, für *politische Aufsätze* machen die Franzosen die jeweiligen Verfasser *persönlich haftbar.*

1811 kommt es in Gotha zu einem Eklat. Am 11. Februar veröffentlicht Rudolf Zacharias Becker in der von ihm herausgegebenen »National-Zeitung der Deutschen« den Aufsatz »Der Deutsche Bund, eine geheime Gesellschaft«.

In der »Stiftungs-Urkunde« werden unter § 2 die Ziele genannt: *Beförderung des Wohlseyns und der Ehre unsrer Nation, durch Erweckung des Gemeingeistes, Wiederherstellung ihres alten Ruhms der Biederkeit und Treue, Ausbildung unserer Sprache, Wetteifer in der Vervollkommnung der Wissenschaften, Künste und Fertigkeiten jeder Art …*

Mitglieder des Bundes – so schreibt es § 3 vor – *können nur geborene Deutsche* sein. *Es darf nie gefragt werden, ob der Aufzunehmende ein Sachse, Preuße, Oesterreicher, Baier, Schwabe, Franke, Rheinländer, Westfale ec. sondern nur, ob er ein Deutscher sey.* Jedes Mitglied hat sich bei der Aufnahme *per Handschlag* zu verpflichten, die unter § 5 genannten *Gesetze* einzuhalten, unter anderem sich *keiner ausländische⟨n⟩* Wörter *und Redensarten* zu *bedienen, sondern ein vorzügliches Augenmerk auf Richtigkeit, Reinheit und Vervollkommnung* der deutschen Sprache zu richten, weiterhin soll sich *kein Mitglied … den Genuß des Kaffe's, chinesischen Thees und anderer ausländischen Getränke zum täglichen Bedürfniß machen.* Auch das Tragen von *Kleidungsstücke⟨n⟩ von ausländischen Stoffen* ist untersagt, ebenso *sich ausserhalb Deutschlands gefertigter Geräthschaften irgend einer Art* zu *bedienen …*

Nach der Veröffentlichung der Statuten des »Deutschen Bundes« wird die Zeitung verboten. Als Becker fünf Monate später von einer Reise nach Wien zurückkehrt, legt man ihm seine Abwesenheit als konspirative Tätigkeit aus, am 30. November wird sein Verlagshaus durchsucht, Unterlagen werden abtransportiert; er selbst wird in der Festung Magdeburg in Dunkelhaft gefangen gesetzt. Die französischen Behörden in Erfurt werfen ihm vor, *die Gemüter der Jugend gegen die Franzosen aufgehetzt zu haben.*

Herzog Emil August erhebt Einspruch gegen die Gefangennahme Beckers; er wird scharf zurückgewiesen; man antwortet ihm: *Ein souveräner Fürst des Rheinbundes, der in seinen Landen eine ›Nationalzeitung der Deutschen‹ herausgeben läßt, hat sich nicht zu beschweren.*

Beckers Frau Karoline verfaßt ein Schreiben an die österreichische Kaiserin mit der Bitte um Fürsprache für ihren Mann bei Napoleon. In Gotha weiß Friedrich Jacobs um Goethes gute Verbindung zum österreichischen Kaiserhaus. Er bittet ihn um Vermittlung. Dieser antwortet: *da man in so hohen Verhältnissen auf das vorsichtigste zu verfahren hat, so konnte ich nur erste Schritte tun. Ich bin daher nicht im Stande zu sagen, ob sie einige Folgen haben werden, weil Jedermann sich die größte Precaution zur Pflicht macht.*

Goethes *Schritte* haben keine *Folgen*. Becker bleibt weiter in Haft. Erst am 25. April 1813, als Napoleon durch Gotha reist, gelingt es Beckers Frau, sich dem Herrscher zu Füßen zu werfen und Begnadigung zu erwirken. Am 5. Mai wird Zacharias Becker entlassen. Er kann seine Herausgebertätigkeit fortsetzen; aus »National-Zeitung der Deutschen« wird der »Allgemeine Anzeiger«, der Zusatz *der Deutschen* muß wegbleiben. (Nach dem Wiener Kongreß wird Becker sein Buch »Leiden und Freuden in 17monatlicher Gefangenschaft« veröffentlichen.)

Der bevorstehende Krieg gegen Rußland verändert die Lage nochmals. Das Weimarer Herzogtum mit seiner Verwandtschaft zum russischen Zarenhaus wird – wie schon 1808 in Erfurt – besonders beargwöhnt, daher schicken die Franzosen einen *außerordentlichen Gesandten und bevollmächtigten Minister mit Sitz in*

Weimar und Gotha. Es ist Baron Etienne de Saint-Aignan, der Berichte an das französische Außenministerium zu liefern hat.

Goethe reagiert darauf sofort mit einem »Promemoria an die Hoftheater-Kommission«. Er lobt sich als Zensor. *Sein eigentlicher Standpunkt konnte nur der ästhetische sein; allein hat er auch jenen politischen nicht außer Acht gelassen und wo ihm etwas Bedenkliches aufgefallen, solches ohne weiteres weggestrichen ... Allein nunmehr ändert sich die Sache, indem ein k.k. französischer Gesandter hier her kommt und die Verhältnisse nicht allein nach Innen sondern auch nach Außen zu bedenken sind.* Diplomatisch formuliert er: *wer möchte einem Gaste etwas Unangenehmes erzeigen ...* Goethe schließt: *Unterzeichneter wünscht daher, daß herzogliche Hoftheaterkommission seine Bitte unterstützen möge ...* Im Klartext heißt das erneute Zensur. Und im Tagebuch notiert er dann auch *Revision einiger Theaterstücke.*

Während Carl August sich gezwungenermaßen in den Rheinbund fügt, fühlt sich Goethe darin nicht unwohl. Für ihn ist die endgültige Niederlage Preußens und die Auflösung des Heiligen Römischen Reiches eine unumstößliche Tatsache. Nicht Trotz und Widerstand gegen die französischen Besatzer ist seine Devise, sondern Mitarbeit, Nutzung der Reformspielräume.

Bereits zur Ostermesse 1812 liefert Saint-Aignan seinen ersten Bericht. Carl August wird darin als undurchsichtig und mutmaßlich feindlich charakterisiert, vor allem, weil er sich mit so verdächtigen Personen wie dem preußischen Offizier Müffling umgibt. Über Goethe dagegen schreibt er, daß er *sich nach eigenem Wunsch von den politischen Angelegenheiten fernhält und befürchtet, daß ihn seine Vertrautheit mit dem Herzog gegen seinen Willen doch hineinzieht,* er habe *sich ganz auf seine literarischen Arbeiten zurückgezogen und auf die Theaterdirektion, die ihn stark beschäftigt.*

Goethe verläßt Weimar bereits am 30. April 1812 in Richtung Böhmen. Überall trifft er auf Soldatenkolonnen, die sich formieren, um unter Napoleon nach Rußland zu ziehen. Bis September hält er sich in Karlsbad und Teplitz auf; es ist jener Sommer, in dem er Beethoven trifft, der österreichischen Kaiserin vorliest, jener mit Christiane, ihrer Gesellschafterin und dem Gothaer Prinzen Friedrich.

Hat er der Kaiserin bereits in den Vorjahren als Vorleser gedient, ihr auch Huldigungen in dichterischer Form dargebracht, so wendet er sich 1812 an die Tochter des österreichischen Kaisers, an Marie-Louise, Napoleons Gemahlin. Ihr widmet er Stanzen, die er auf eigene Kosten drucken und vertreiben läßt. Schwer erträglich ist heute die Lektüre der affirmativen politischen Verse. Bereits bei Zeitgenossen treffen sie auf Ablehnung. Achim von Arnim nennt Goethe den *Sänger des Kontinentalsystems*, Dorothea Schlegel meint: *Ist er durch keine Marter zu diesen Stanzen gezwungen worden, so will ich Gott bitten, daß sie ihm verziehen werden.* Versucht man in den theatralisch-schwülstigen Strophen den Kern zu finden, so ist es eindeutig Goethes Friedensappell an die Mächtigen. So wird die Kaiserin als Madonna, als mütterliche Friedensgöttin gefeiert, und über ihren Gemahl, über Napoleon, heißt es:

Der alles wollen kann, will auch den Frieden.

Als Goethes Karlsbader Stanzen am 2. Juni 1812 an die Öffentlichkeit kommen, dauert der Feldzug gerade eine Woche, Napoleon zieht im polnischen Wilna ein. Die Dynamik der bevorstehenden Katastrophe in Rußland ist noch nicht abzusehen.

Wenige Wochen zuvor, am 20. Mai 1812, hat der Weimarer Fürst Carl August in einem Gespräch mit Napoleon in Dresden einen letzten Friedensversuch unternommen. Als Vermittlerin schlägt er seine Schwiegertochter, die Erbprinzessin Maria Pawlowna, die Schwester des Zaren, vor. Napoleon lehnt ab.

Die Grande Armée überschreitet den Njemen, in den letzten Julitagen erreicht sie Witebsk, am 17. August fällt Smolensk, am 14. September zieht Napoleon in Moskau ein, vier Tage lang brennt die Stadt, Goethe verfolgt alle Nachrichten. Dann der Rückzug mit unzähligen Toten und riesigen Verlusten.

Im Dezember 1812, wenige Tage bevor Iffland seine Schauspielkunst in Weimar präsentiert, kommt Napoleon durch Weimar. Inkognito reist er in einer auf einen Schlitten gestellten Postkalesche durch die Stadt.

Trüber Schneetag ..., notiert Goethe am 15. Dezember 1812 in sein Tagebuch, *Herr von Wolbock* (französischer Diplomat) *die Durchreise des Kaisers notificirend, so wie daß er sich nach mir erkundigt.* Riemer hält für denselben Tag fest: *Abends oben bei Goethe, Herr von Schwebel* (Frédéric Louis Schwebel, Sekretär des Baron Saint-Aignan) *und die Diplomatiker. Erzählung von der Durchreise Napoleons.*

Einen Tag danach schreibt Carl August an Goethe: *Weißt du denn schon, daß Saint Aignan beauftragt ist, dir vom Kaiser der Nacht* (Napoleon) *schönste Grüße zu bringen? So wirst du vom Himmel* (Kaiserin Maria Ludovica von Österreich) *und Hölle* (Napoleon) *beliebäugelt.*

Der Kaiser der Franzosen eilt nach Paris, um neue Truppen zu formieren. Am 17. Dezember veröffentlicht er sein berühmtes 29. Bulletin, in dem er, die Katastrophe verschleiernd, etwa den Übergang über die Beresina als taktische Meisterleistung preist und die Legende vom Winter als Verursacher des Rückzugs in die Welt setzt. Das Bulletin endet mit den Worten: *Die Gesundheit seiner Majestät war nie besser.*

Am 30. Dezember 1812 schließt der preußische General Yorck mit der »Konvention von Tauroggen« ohne Wissen des Königs einen Neutralitätsvertrag mit den Russen. Am 28. Februar kommt es in Kalisch zum Bündnisvertrag zwischen Rußland und Preußen. Am 17. März 1813 dann zur Kriegserklärung Preußens gegen Frankreich. Im Juni werden zwischen England, Rußland, Preußen und Österreich geheime Bündnisverträge gegen Napoleon geschlossen. Der preußische König erläßt seinen Aufruf »An mein Volk«. Es ist das Signal der Erhebung Preußens gegen Frankreich, der Beginn der Befreiungskriege.

Der französische Gesandte in Weimar. Saint-Aignan ist ein kultivierter aufgeschlossener Mann, Goethe lädt ihn mehrfach in sein Haus ein. Anfang April bricht Saint-Aignan auf, um die nächsten Monate in Gotha zu residieren. Goethes Tagebuch vom 3. April 1813: *Herr Baron von Saint-Aignan schickte mir zum Abschied Kupferstiche.* Einen Tag später: *Schwebel von mir Abschied genommen.*

Am 11. April wird Weimar überraschend von preußischen Truppen besetzt. Carl August, dem Protektor Napoleon verpflichtet, läßt die preußischen Husaren, die »Feinde«, im Schloß logieren.

Am 12. April Goethes Eintrag im Tagebuch: *Saint Aignan ... wird überfallen. Sekretär Schwebel wird entführt.* Am 13.: *Nachricht von der Überrumplung des französischen Gesandten in Gotha.*

Auf den dringenden Rat seiner Frau verläßt Goethe am 16. April überstürzt Weimar. Am 18. April kommt es zu Kampfhandlungen zwischen dem Blücherschen Korps und den Franzosen, einen Tag später ist die Stadt wieder in der Hand der Franzosen.

Auf seiner Reise in Richtung Böhmen wird Goethe mit den wechselnden Parteistimmungen konfrontiert. Bei einem Zwischenaufenthalt in Dresden lernt er den Patrioten und *Franzosenfresser* Ernst Moritz Arndt und den Vater des Lützower Jägers Theodor Körner und diesen selbst kennen, dessen patriotische Verse Carl Maria von Weber vertont. Arndt ist mit Goethe unzufrieden, findet ihn nicht patriotisch gesinnt. Über Napoleon habe er gesagt: *Schüttelt nur an euren Ketten! Der Mann ist euch zu groß! Ihr werdet sie nicht zerbrechen!*

Goethe glaubt an Napoleons Überlegenheit, hofft, daß er Frieden mit den Alliierten schließen und auf deren Bedingungen eingehen wird.

Am 24. April erlebt er den Einzug des Zaren Alexander in Dresden. In Teplitz dann ist er *so nahe am Kriegsschauplatz, daß man Nachts, sogar manchmal die Feuerzeichen am Himmel sieht, wenn irgend ein unglücklicher Ort brennt*. Er ist von *lauter Flüchtlingen, Blessierten, Geängstigten umgeben*; hat Gespräche mit Fürsten und hohen Militärs. Seine Friedenssehnsucht ist groß, und seine Klagen über die Zeitläufte häufen sich in diesem Sommer.

Untröstliches militärisch politisches Gespräch, notiert er im Tagebuch. Aber er berichtet auch, daß ihn ein preußischer Husarenoffizier *mehr als einmal bis zu Thränen lachen gemacht* habe.

Dieser Offizier ist kein anderer als der Attentäter von Gotha, der den französischen Gesandten und dessen Sekretär überfallen hat. Goethe, der Knebel gegenüber äußert: *Da die Franzosen dasjenige lustig behandeln können, was ihnen eben keine Ehre macht, so sollten wir ja auch nur den Muth haben darüber zu lachen, was uns Schaden bringt*, amüsiert die Sache, die offenbar unblutig ausgeht, sehr.

Er ist fasziniert von dem jungen Mann. *Eine merkwürdige Bekanntschaft* habe er gemacht, schreibt er am 1. Juli 1813: *Schwanenfeld, der den Gesandten in Gotha überfallen, Schwebeln entführt und sonst auf dem Thüringer Wald sein Wesen getrieben hat. Es ist ein junger Mann, vom starckem Körperbau, regelmäßigem Gesicht, dem Bart und straubige Haare etwas Wildes geben … Da er in diesem Feldzuge, so kurz er war viel gewagt gethan und gelitten hat; so ist er heimlich ergrimmt daß nichts aus allen den Anstalten geworden ist, und spricht unter Vertrauten ganz offen über die vielen Fehler und Versehen die von Anfang vorkamen. Er macht die Personen, ihre Reden und Betragen, besonders die alten Generale gar treffend nach und sagt überhaupt viel was ich ihm nicht nachsagen möchte. Er kommt Abends in den Garten herunter und wenn nicht zuviel Personen beysammen sind ist er offen und unterhaltend.*

Dann bekennt er: *Ich wünschte daß wir wieder so weit seyen mögen um reden zu dürfen wie dieser Soldat, der, als passionirter Teilnehmer, vernünftiger und mäßiger von all dem spricht, als die sämmtlichen müßigen, philisterhaften Zuschauer.*

Dieser Brief ist an Christiane und ihre Gesellschafterin Caroline Ulrich gerichtet. Seinem: *Er hat mich mehr als einmal bis zu Thränen lachen gemacht*, fügt er hinzu, sie sollten zurückhaltend sein: *Von diesen Dingen sagt ihr nur den Vertrautesten. Meine Briefe …*

gebt ihr nicht aus Händen, erzählen und vorlesen werdet ihr mit Vorsicht.

Als Goethe von Teplitz zurückreist, ist Dresden bereits wieder in der Hand der Franzosen, Napoleon ist in der Stadt. Am 13. August der Tagebucheintrag: *Am Brühlschen Palais dem Kaiser begegnet welcher von einem kleinen Gefolge begleitet die Schanzarbeiten besehen hatte.* Am 26./27. August siegt Napoleon bei Dresden.

Die Truppenzusammenziehungen im sächsischen Raum. Vom 16. bis 19. Oktober die Völkerschlacht bei Leipzig, ein unvorstellbares Blutbad mit nahezu hunderttausend Toten.

Der Rheinbund bricht auseinander, die deutschen Kleinstaaten treten der antinapoleonischen Konvention bei. Der Weimarer Carl August entschlossen und freudig, der Gothaer Emil August dagegen wohl eher zögerlich.

Das zurückflutende geschlagene französische Heer bewegt sich, verfolgt von den Siegern, in Richtung Westen, kommt durch Weimar und Gotha.

Bereits seit April und nach der Leipziger Schlacht bis zum November 1813 ununterbrochen Truppendurchzüge; wechselnde militärische Konstellationen: Franzosen, Preußen, Österreicher und Russen. Wieder Einquartierungen, Leistungen für Verpflegung, Verwundete, übervolle Lazarette, Seuchengefahr. Dieses Kriegsjahr ist nach 1806 das schlimmste.

Goethes Tagebuch: 16. (Oktober): *Nachricht von*

der Einnahme von Leipzig ... 20.: Franzosen früh 5 in Weimar ... 21.: In der Nacht Kosaken ... 22.: Truppen Märsche ... Kurz vor Tafel Überfall der Franzosen. Stundenlanges Gefecht ... Truppenmärsche bis zur Nacht. Einquartierungen ... 23.: Unausgesetzte Truppen Märsche ...

An diesem 23. Oktober zieht die Vorhut der geschlagenen Grande Armée in Gotha ein. Von den darauffolgenden Tagen berichtet ein Zeitzeuge: *Man sah nach und nach immer mehr Haufen waffen- und gepäckloser französischer Infanteristen in einem alles menschliche Gefühl erschütternden Zustand ... leichenähnliche Gestalten, abgemagert, mit Lumpen aller Art behängt und mit Stecken in den Händen; so zogen sie in dumpfem Schweigen vorüber ... In den Alleen, Gärten und Chausseegräben lagen Hunderte, die mit dem Tod rangen, dazwischen krepierende Pferde, Tornister, Patronentaschen ...*

Als Napoleon sich Gotha nähert, ergeht der Befehl, daß die flüchtenden Truppen die Stadt zu umgehen haben. Der Kaiser, der noch im April 1813 von Emil August mit hohen Ehren auf dem Schloß empfangen wird, bezieht diesmal im »Mohren« Quartier. Alle, einschließlich seiner Generäle, müssen das Haus sofort verlassen, die Zimmer werden ausgeräumt, in einem breitet er auf dem Fußboden seine Landkarten aus, im andern läßt er sein eisernes Feldbett aufstellen, in der Küche duldet er nur seinen Leibkoch.

Auf seinen Fersen die ihn verfolgenden Sieger. Am 25. Oktober verläßt er die Stadt. Bereits einen Tag später rücken russische Regimenter ein: Kavallerie, Kosaken und Baschkiren. Letztere sind mit Pfeil und Bogen bewaffnet, was die besondere Neugier der Bevölkerung erweckt. So auch in Weimar: die *Mullahs*, die ihre mohammedanischen Gottesdienste im Gymnasium abhalten, und die *Buschmänner*, von denen Charlotte von Stein schreibt, daß sie *lebendige Hühner fraßen* und sich mit der *abgezogenen Haut Arme und Beine schmierten*. Goethe, fügt sie hinzu, *wollte sie nicht sehen und litt auch nicht, daß jemand von seiner Familie oder seinen Umgebungen sie sah*.

Goethe *scheint*, schreibt sie am 24. April 1814, *unseren jetzigen Enthusiasmus* – den Siegestaumel nach der Leipziger Schlacht – *nicht zu teilen ... Und doch ist gewiß seit Jahrhunderten nichts Interessantestes vorgekommen!*

Goethes Skepsis. *Ist denn wirklich das Volk erwacht?*, entgegnet er dem Historiker Heinrich Luden, der eine patriotische, antinapoleonische Zeitschrift gründen will, *weiß es, was es will und was es vermag? ... Und was ist denn errungen und gewonnen worden? Sie sagen, die Freiheit ... Es ist wahr: Franzosen sehe ich nicht mehr und nicht mehr Italiener, dafür aber sehe ich Kosaken, Baschkiren, Kroaten, Magyaren, Kassuben, Samländer, braune und andere Husaren. Wir haben uns seit einer langen Zeit gewöhnt, unsern Blick nur nach Westen zu richten und alle Gefahr nur von dort zu erwarten; aber die Erde dehnt sich auch noch weithin nach Morgen.*

Noch nach dem gescheiterten Rußlandfeldzug wird Goethe den französischen Usurpator für friedensfähig halten. Erst nach der Leipziger Schlacht gewinnt der Gedanke der Besiegbarkeit des Kaisers in ihm Raum; später die Auffassung, Napoleon habe seinen Untergang selbst verschuldet.

Bis an sein Lebensende aber hört seine Bewunderung für Napoleon nicht auf. Er ist für ihn *einer der produktivsten Menschen ... die je gelebt haben*, so seine Äußerung im Gespräch mit Eckermann am 11. März 1828. Und der junge Sulpiz Boisserée überliefert Goethes rätselhaften Satz: *Faust bringt mich dazu, wie ich von Napoleon denke und gedacht habe.*

Am 22. November 1813 versucht Carl August durch einen Erlaß Kriegsfreiwillige für die endgültige Vernichtung Napoleons zu gewinnen. Drei Tage später folgt der Gothaer Herzog mit seinem »Aufruf zur Bildung einer Schar von Freywilligen«. In Gotha rücken am 2. Februar 1814 63 Reiter und 91 Jäger zu Fuß aus. In Weimar sind es 27 Jäger zu Pferde und 97 zu Fuß. Patriotische Aufrufe ergehen auch an die Frauen. In Gotha folgen ihnen Emil Augusts Gattin, Herzogin Caroline Amalie, und die Töchter von Zacharias Becker. In Weimar gründet Ottilie von Pogwisch, Goethes spätere Schwiegertochter, genannt *die preußische Jungfrau wegen ihres großen Interesses, was sie an den preußischen Waffen nimmt,* einen »Patriotischen Frauenverein«, er richtet sich gegen *undeutsches Wesen und napoleonische Unterdrückung.*

Auch Goethes Sohn August meldet sich freiwillig zu den Waffen. Der Vater schreitet sofort mit einem Verbot dagegen ein. Goethes unpatriotisches Verhalten wird mißbilligt, ihn trifft der Vorwurf, eine zu geringe Anteilnahme an den Befreiungskriegen und der deutschen Erhebung zu nehmen. So schreibt Wilhelm von Humboldt am 1. Januar 1814: Goethe *gehört durchaus zu den gleichgültigen Naturen für alles Politische und Deutsche*. Dieser dagegen notiert über die Deutschen: *ich habe sie noch nie so verbunden gesehen als im Haß gegen Napoleon*.

16

Am 11. November 1813 antwortet Goethe Charlotte von Stein auf ihre *Frage, ob die Vernunft endlich in der Welt Herrin werden* würde, mit Nein; sie habe *keine Unterlage*, sei bloß *geistig; nur die Humanität müsse kultiviert werden.* Das aber könne nur im *Gegensatz zum Lauf der Welt* geschehen, darüber hätten ihn die Gespräche mit den *Männern*, die *das ungeheure Ganze leiten*, belehrt.

Wie sich in der politischen Welt irgend ein ungeheures Bedrohliches hervorthat, so warf ich mich eigensinnig auf das Entfernteste, notiert er in den »Tag- und Jahresheften« für 1813. Das *Entfernteste* sind seine nun beginnenden Orient-Studien. Die Sammlung von Ghaselen des persischen Dichters Schamse' d-din Hafiz wird fortan seine Welt. Goethe begibt sich in ein poetisches Exilland, zieht einen *Zauberkreis* um sich.

Am 7. Juni 1814 der Tagebucheintrag *Hafis Divan.* Am 21. Juni sein erstes Divan-Gedicht: »Erschaffen und Beleben«.

Am 25. Juli 1814 bricht Goethe zu einer Fahrt an Rhein, Main und Neckar auf. Es wird eine Reise der Erwartung, des Glücks, der Produktivität. Bereits auf dem Weg nach Erfurt entstehen Verse für den »West-östlichen Divan«. *Herrn und Frau von Frankenberg un-*

terwegs besucht, berichtet er Christiane. In Siebleben bei den Frankenbergs also macht er halt.

Ein Jahr später feiert Frankenberg im Januar sein 50. Regierungsjubiläum. Auch Goethe sendet einen Glückwunsch. *Er, nach langer Jahrer Sorgen ... Sieht nun Fürst und Volk geborgen / Dem er Geist und Kraft gewidmet*, heißt es in seinem Gedicht auf den Freund. Und an *Lady Frifry*, Frankenbergs Frau, schreibt er: *sey mir das vorigen Sommer heiter aufgefrischte Andenken gütig und gnädig bewahrt und mir die Hoffnung vergönnt, in guten Stunden wieder anklopfen zu dürfen.* Aber am 25. April 1815, kaum ein Vierteljahr nach seinem Dienstjubiläum, stirbt Frankenberg im hohen Alter von siebenundachtzig Jahren.

Die Begegnung am 25. Juli 1814 ist Goethes Abschied von dem hochgeschätzten Frankenberg. Nach dem Aufenthalt in Siebleben die Fahrt in die Stadt hinein. Goethe steigt im Gasthof ab. *Mittags Gotha im Mohren wars behäglich* ... Über Mechterstädt und Schönau geht es weiter nach Eisenach, wo er übernachtet. 26. Juli: *fünf Uhr von Eisenach. Herrlicher Duftmorgen um die Wartburg. Köstlicher Tag überhaupt ...*, kann Christiane lesen.

In Wiesbaden lernt er am 4. August 1814 Marianne Jung, die Ziehtochter und Geliebte des reichen Bankiers Johann Jakob von Willemer, kennen. *Schon vor einigen Tagen besuchte mich Willemer mit seiner kleinen Gefährtin*, heißt es am 8. August an Christiane. In Winkel am Rhein läßt sich Goethe die Stelle zeigen, wo Karoline von Günderrode sich das Leben genommen hat. Am 15. September ist er erstmals in der Gerbermühle, dem Sommersitz Willemers in der Nähe von Frankfurt. Von *höchst schön⟨en⟩ Tagen* ist immer wieder die Rede, von Sonnenuntergängen; *Diesmal sahen wir die Sonne, auf einem Thürmchen, das Willemer auf dem Mühelberg gebaut hat, untergehn. Die Aussicht ist ganz köstlich.* Goethe verliebt sich in Marianne, die mit ihrer Heirat am 28. September 1814 nun die Geheimrätin von Willemer ist (Goethe soll in einem Gespräch Willemer zu diesem Schritt der Legalisierung seines langjährigen Verhältnisses geraten haben).

Die Rückreise. Ohne anzuhalten durchfährt er am 27. Oktober Gotha. *Mir sind unendliche Schätze des Anschauens und der Belehrung geworden* ..., resümiert er.

Während er sich *in diesem Sommer gleichsam verjüngt, zu früherer Tatkraft wiedergeboren* sieht, lassen Christianes Kräfte nach. Das Jahr 1815 beginnt mit einer schweren Krankheit; *meine gute Frau war zwei Querfinger vom Tode*, klagt er am 3. April Willemer.

Dennoch bricht Goethe zu einer zweiten Reise an Rhein, Main und Neckar auf. Über vier Monate erstreckt sie sich, vom 24. Mai bis 11. Oktober ist er abwesend. *Um 5 Uhr aus Weimar. Um 7 ½ in Erfurt. Um 11 in Gotha. Eisenach 3 Uhr*, so seine Notiz. Und am Abend aus Eisenach an Christiane: *Daß mich unterwegs sogleich die guten Geister des Orients besucht und mancherlei Gutes eingegeben, wovon vieles aufs Papier gebracht wurde.* Als Fußnote fügt er an: *Nahe bei Gotha, gegen Eisenach, finden sich auf den Chausseehaufen viele Ammonshörner und Pektiniten, aus einem schwachen Steinlager ...*

Nach einer Trink- und Badekur in Wiesbaden, Aufenthalten in Köln, Bonn und Koblenz sieht er Marianne wieder, ist erneut Gast in der Gerbermühle. Vom 12. August bis zum 17. September wohnt er dort, nur wenige Tage davon verbringt er mit den Willemers in ihrem Stadthaus in Frankfurt am Main.

Aus der Neigung des Vorjahres wird in diesem Sommer eine von beiden Seiten große verzehrende Liebe und Leidenschaft. Goethes Divan-Dichtung wächst, allabendlich liest er das Entstandene vor, Marianne singt ihm seine Lieder, erwidert seine Verse mit eigenen, tritt mit ihm in einen lyrischen Dialog. Die Beglükkung, die beide wechselseitig empfunden haben müssen, die Dreiunddreißigjährige und der Sechsundsechzigjährige, läßt allein die Dichtung des »West-östlichen Divans« ahnen. Am 16. September schreibt Marianne für Goethe das Gedicht »Hochbeglückt in deiner Liebe«, das er redigiert in seinen »Divan« aufnimmt. Auf den 17. September datiert sind die Handschriften des später in das »Buch Suleika« aufgenommenen Dialoges von Suleika: *Als ich auf dem Euphrat schiffte* ... und die Erwiderung Hatems: *Dir zu deuten bin erbötig* ... Am 18. September, dem Tag des Abschieds von der Gerbermühle, steckt Marianne Goethe einen Chiffrenbrief zu, der als Keim für sein Divan-Gedicht »Vollmondnacht« angesehen wird: *Euch im Vollmond zu begrüßen / Habt ihr heilig angelobet.*

Wenige Tage später begegnen sich Goethe und Marianne noch einmal in Heidelberg. Am 25. September sind sie allein im dortigen Schloßgarten. Am 26. nehmen sie Abschied voneinander.

Die Rückreise. Wie wird er seine Frau vorfinden? Von Heidelberg schreibt er ihr, sein *Wunsch* sei, *daß Du Dich immer mehr herstellen mögest.*

Abgefahren halb eilfe, notiert er in Meiningen. *In Schmalkalden. Vorausgegangen. Der Wagen kam 5 Uhr am Berge an. Heller Mond. Beschwerlicher Weg, glückliche Fahrt. Mitternachts Gotha. Viel Russen. Gefolge des Großfürsten Konstantin. Übernachtet.* Am 11. Oktober die Notiz: *Um 7 früh von Gotha ab.* Diese Nacht vom 10. zum 11. Oktober 1815 ist die letzte, die Goethe in Gotha verbringt. Nur wenige Stunden Schlaf sind ihm vergönnt.

In Weimar findet er seine Frau in einem bedrohlichen Zustand; sie hat offenbar mehrere Schlaganfälle erlitten. Er schickt sie in ärztliche Obhut nach Jena. Von Monat zu Monat verschlechtert sich ihr Befinden. Am 6. Juni 1816 stirbt Christiane nach achtundzwanzig Jahren Zusammenleben mit Goethe.

Bey dem großen Verluste kann mir das Leben nur erträglich werden, schreibt er eine Woche nach ihrem Tod, *wenn ich nach und nach mir vorzähle, was Gutes und Liebes mir alles geblieben ist.*

Bereits einen Monat später plant er wiederum einen Aufenthalt in der Rhein-Main-Gegend. Der Gedanke an ein Wiedersehen mit Marianne von Willemer mag der Antrieb sein. Er überschlägt die Ausgaben für die Reise. Notiz vom 15. Juli: *Schema zu den Reisekosten nach Baden*. Über Erfurt, Gotha, Meiningen, Würzburg, Heidelberg und Rastatt will er gehen.

Am 20. Juli der Aufbruch. In Begleitung Heinrich Meyers und seines Dieners Schreiber verläßt er Weimar: *früh 7 Uhr fuhr ich von hier ab, um 9 Uhr, kurz vor Münchenholzen* (einem Dorf bei Erfurt) *warf der ungeschickteste aller Fuhrknechte den Wagen um, die Achse brach und der gute Meyer wurde an der Stirne beschädigt.*

Goethe, der nicht an Zeichen glaubt, nimmt diesmal das Umschlagen der Kutsche als Omen, als Wink des Schicksals. Er kehrt um, gibt seinen Reiseplan auf. Er wird Marianne von Willemer nie wiedersehen.

Haben wir Gotha ganz aus den Augen verloren? Noch immer regiert Emil August das Land.

Im Jahr 1817 kommt es zu amtlichen Verbindungen Goethes mit dem Nachbarherrscher in Sachen Jenaer Universität. Goethe arbeitet mit Carl Ernst Adolf von Hoff zusammen, dem für Gotha zuständigen Kommissar für die Reorganisation der Universität.

Vier Herzogtümer sind bisher für den Unterhalt des Jenaer Wissenschaftszentrums zuständig. Zwei davon scheiden 1817 aus ihren Verpflichtungen aus: Sachsen-Meiningen und Sachsen-Coburg. Somit sind die alleinigen *Nutritoren* (Erhalter) die Herzöge von Sachsen-Weimar-Eisenach und Sachsen-Gotha-Altenburg.

Aufgrund der Karlsbader Beschlüsse ordnet der Bundestag für jede Universität einen Kurator an. Carl August will 1819 Goethe für dieses Amt gewinnen. Eine *vertrauliche Zuschrift* des Juristen und seit einigen Jahren in Jena als Geheimer Staatsrat tätigen Christian Wilhelm Schweitzer erreicht den Dichter. *Das Amt verlangt in dem der es bekleidet 1) hohes Ansehn in Jena selbst ...; es verlangt 2) dasselbe Ansehen und volles Vertrauen in Weimar und Gotha.* Und: *Das Amt ... will einen Mann, dessen Name auch in den äußeren Verhältnissen der Universität ein Schutz und Schirm sey.*

Goethe sieht sich *zu ernsthaftem Nachdenken aufgerufen.* Lehnt aber ab. In einem nicht abgesandten Briefkonzept heißt es: *Einem solchen Fürsten, dem ich so viel verdanke, dem ich alles zu Liebe und Willen thun möchte, schien ich noch mehr verpflichtet für so großes fortgesetztes Vertrauen ... aber leider fühlte ich mich gleich nach der allgemeinsten Übersicht zu der Erwiederung gedrungen: zehn Jahre früher hätte ich nicht einen Augenblick angestanden einem so ehrenvollen Rufe zu folgen und den vorauszusehenden Unbilden und Gefahren entgegen zu gehen ...*

Dennoch engagiert er sich außerordentlich für die wissenschaftlichen Sammlungen der Universität. Vor allem liegt ihm die Neuordnung der Bibliotheken am Herzen. In seinem Tagebuch bezeichnet er deren Reorganisation mehrfach als sein *Hauptgeschäft.* Er entwirft einen *Etat*, schreibt einen *umständlichen Aufsatz*, spricht von *theils auf Serenissimi Betrieb und Kosten, theils mit Zuziehung des gothaischen Hofes.*

Hier nun kommt Emil August in den Blick. 27. November: *Der Herzog von Gotha Durchlaucht haben mir einen sehr gnädigen Brief in Betreff der Jenaischen Bibliotheksangelegenheiten zugesendet.* Geld fließt offenbar in der Folgezeit. Der Gothaer Obersteuerdirektor von Wangenheim weist einen Betrag von 1800 Reichstalern an.

Am 14. Oktober notiert Goethe: *erhielt ich durch gnädigstes Reskript den Auftrag, die Angelegenheit ungesäumt zu behandeln ...* Das *Reskript* ist datiert auf den 7. Oktober. *Der so ansehnliche Beitrag heißt nun alle Kräfte aufbieten, damit das Angefangene würdig zustande komme*, schreibt Goethe an Herrn von Hoff.

Dieser hat nach seiner Aussage den Gesamtplan für die *Reorganisation der Bibliotheken* entworfen; Goethe erwähnt ihn an keiner Stelle in seinen Berichten, stellt es als seine alleinige Leistung dar. Hoff fühlt sich zurückgesetzt, gibt sich aber Goethe gegenüber nachsichtig und kommentiert: *Nun! Eine kleine göttliche Schwachheit.*

Daß es sich um sehr umfangreiche Arbeiten handelt, die auch bauliche Erweiterungen notwendig machen, geht aus Goethes »Tag- und Jahresheften« 1817 hervor. Von der *akademischen Bibliothek* berichtet er, daß sie *hoffnungslos im Argen lag ... Zu den vor dry hundert Jahren gestifteten Anfängen hatte sich nach und nach eine bedeutende Zahl von einzelnen Büchersammlungen, durch Vermächtniß, Ankauf und sonstige Contrakte, nicht weniger einzelne Bücher, auf mannigfaltige Weise gehäuft, daß sie flözartig in dem ungünsti-*

gen Lokale bey der widerwärtigsten großentheils zufälligen Einrichtung über und nebeneinander gelagert standen. Wie und wo man ein Buch finden sollte, war beynahe ein ausschließliches Geheimniß mehr des Bibliotheksdieners als der höhrern Angestellten. Die Räume langen nicht mehr zu ... Um dem Hauptgebäude Luft zu verschaffen, wird auf Goethes Anweisung – trotz Protesten – ein Teil der alten Stadtmauer niedergerissen.

Dank der finanziellen Zuwendung von Gotha geht die Arbeit zügig voran. Am 12. November heißt es an Christian Gottlieb Voigt: *In dem Bibliotheksgeschäft hoffe auch Gelegenheit zu finden Serenissimo und seinem Staats-Ministerio ein Lächeln abzugewinnen.* Goethe arbeitet unermüdlich, am 2. Dezember schreibt er seinem Sohn August, er möchte nicht von Jena weggehen, bevor *das Geschäft bis auf eine gewisse Epoche gebracht* ist und *eine Weile von selbst geht.*

Für seine Bibliotheksarbeit hat Goethe über Jahre äußerst zuverlässige Helfer. Da ist sein Schwager, der Bibliotheksrat Christian August Vulpius. Am 29. September 1822 notiert er: *Rat Vulpius von seiner Expedition nach Gotha zurückkehrend.*

Und da sind Christian Ernst Friedrich Weller und Friedrich August Ukert, der eine an der Universitätsbibliothek Jena, der andere an der Schloßbibliothek in Gotha tätig. Goethes Notizen belegen den ständigen Austausch zwischen beiden wissenschaftlichen Einrichtungen. 27. März 1818: *Dr. Weller aus Gotha kommend.* 12. Oktober: *Mit Dr. Weller gearbeitet.* Januar

1819: *Dr. Weller referierte, wie es mit den Jenaischen Bibliotheks Arbeiten ... stehe.* Am 24. Februar 1819 beauftragt er Weller zu ermitteln, wieviel *der Büchertransport aus der Schloßbibliothek in die Akademische Bibliothek* bisher gekostet hat. Zudem setzt er sich für Wellers Besoldung ein; er teilt ihm mit: *soeben in einem Privaterlaß nach Gotha gedacht zu haben.* 18. Mai 1822: *Dr. Weller über jenaische und gothaische Verhältnisse sprechend.*

Auch der Kontakt zu Ukert, in Gotha zusammen mit Friedrich Jacobs Herausgeber der »Beiträge zur älteren Litteratur« und Verfasser einer ersten Geschichte der herzoglichen Bibliothek, ist für Goethe hilfreich. Seine Besuche in Weimar verzeichnet das Tagebuch. 29. Oktober 1807: *Ukert.* 16. April 1808: *Professor Ukert und sein Bruder aus Gotha und Minden.* Karsamstag 1808: *Professor Ukert ... aus Gotha.* 24. Mai 1809: *Nachher Prof. Ukert aus Gotha.* 5. Dezember 1810: *Brief an Bibliothekar Ukert nach Gotha, wegen seines Gemäldes von Griechenland.* Und noch am 23. Februar 1822 hält er fest: *Berliner Monatsschrift von Ukert in Gotha gesendet.*

Ein weiterer Bibliotheksangestellter ist noch zu erwähnen: der 1762 in Cobstädt in der Nähe von Gotha geborene Johann Christoph Sachse. Im Jahr seines Todes 1822 gibt Goethe dessen Autobiographie heraus: »Der deutsche Gil Blas, eingeführt von Goethe. Oder Leben, Wanderungen und Schicksale Johann Christoph Sachses, eines Thüringers. Von ihm selbst verfaßt.«

Während er Jahre später ablehnt, die Tagebücher Herzog Bernhards zu edieren, engagiert er sich hier. Vielleicht ist es die Neugier auf Berührungen in den Lebenslinien; auch Sachse hat am Frankreichfeldzug 1792 teilgenommen, allerdings nicht mit Kutsche und Bedienstetem wie Goethe, sondern hungernd und frierend als Diener eines verarmten Emigranten. Der andere soziale Blick, eine unterschiedliche Geschichtserfahrung beschäftigt Goethe offenbar.

In seiner Einleitung erwähnt er neben Lebensbeschreibungen namhafter Schriftsteller und *Naturprosaisten* auch die des Gothaers Johann Caspar Steube. 1747 geboren, erlernt dieser das Schuhmacherhandwerk in seiner Heimatstadt, geht dann auf Wanderschaft. Neunzehn Jahre führt sie ihn durch halb Europa; *auf einem hübschen Teile unserer alten Halbkugel* habe er sich *umgesehen*. In Italien wird er Soldat und zieht als solcher bis ins rumänische Banat. Von Temeswar geht er über Wien nach Gotha zurück. Arbeitet zunächst wieder als Schuhmacher, vertauscht dann *den Knieriemen mit der Grammatik*, bietet sich als Italienischlehrer an. Da die Modesprache Französisch ist, begehren nur vier Gothaer bei ihm Unterricht. So versucht er es als Übersetzer, überträgt Zacharias Beckers »Noth- und Hülfsbüchlein« ins Italienische. Wagt schließlich den *Schritt auf das Schriftstellertheater, um* sein *aus dem Geleise gestolpertes Finanzsystem wieder in Gang zu bringen*. 1791 erscheinen unter dem Titel »Wanderschaften und Schicksale« seine Erlebnisse im Verlag von Carl Wilhelm Ettinger in Gotha. Doch auch das verschafft ihm keine ausreichende finanzielle Basis. 1792 gelingt es Steube, in Salzmanns Erziehungsanstalt in Schnepfenthal als *italienischer Sprachmeister und Schuster* angestellt zu werden, später unterrichtet er in einer Schule in Stedtfeld bei Eisenach, wo er 1795 stirbt. Goethes Erwähnung zeugt von seinem Interesse an diesen Darstellungen »von unten«, in denen sich bei Sachse wie bei Johann Caspar Steube im naiven Erzählen eigene Geschichte und Zeitbetrachtung verbinden, bei letzterem zudem mit einem Schuß Ironie, wie es zum Beispiel seine Bemerkungen über *die schwatzhafte Klasse des Gothaischen Publikums* bezeugen.

Zurück zur Reorganisation der Jenaer Universität. Sie zieht sich hin, erst 1821 werden die neuen Statuten sanktioniert. Am 12. August 1820 – Goethe ist wieder in Angelegenheiten der wissenschaftlichen Sammlungen in Jena – vermerkt er im Tagebuch: *Nachts Sendung von Weimar, die beiden Gipsbüsten der Nutritoren für die academische Bibliothek.* Es sind die Büsten von Herzog Emil August und Herzog Carl August, die ihren Platz in der Bibliothek finden. Am 22. August bedankt sich Goethe in einem Brief nach Gotha; die Notiz im Tagebuch: *Herrn v. Hoff, Dank für die Büste.*

Übermittelt dies von Hoff seinem Fürsten? Und veranlaßt diesen wiederum zu Geschenken? Am 28. August, Goethes Geburtstag, den er in Jena verbringt, übergibt ihm ein Besucher *eine Flasche seltenen Weins und überzuckerte Gewürzkörner*; Gaben Emil Augusts. Die Notiz im Tagebuch: *Herrn von Ziegesar, welcher einiges vom Herzog von Gotha brachte, das er ihm in Schön-Gleina gegeben hatte.* In Schöngleina, einem zwischen Jena und Eisenberg gelegenen Gothaischen Domänengut, hält sich der Herzog auf und läßt die Gruft des dort einst ansässigen Rittergeschlechts öffnen.

Goethe bedankt sich umgehend. Bereits am 29. August sein Tagebucheintrag: *Gedicht zur Erwiderung nach Schönkleina.* Emil Augusts Schreiben war in Versform abgefaßt, und Goethe kam dessen Wunsch nach poetischem Dank nach. Er sandte das Gedicht »Mystische Erwiederung«.

In den Augusttagen des Jahres 1821 begegnen sich die beiden erneut. Der Schauplatz ist wiederum Karlsbad. Emil August besucht seinen kranken Bruder. Dieser notiert am 9. August in sein Tagebuch, Goethe sei bei ihm gewesen. In dessen Aufzeichnungen findet das keine Erwähnung. Am 16. August aber teilt er Carl August mit: *Uebergehen darf ich jedoch zum Schlusse nicht, daß Prinz Friedrich von Gotha in sehr traurigen Umständen hier angekommen, welcher, von seinem Bruder besucht, mir die Ehre der Tafel gönnen wollen ...* Ob das Essen beim Herzog stattgefunden hat, wissen wir nicht; Goethe vermerkt es nicht. Die Begegnung in Karlsbad ist wohl die letzte.

Am 17. Mai 1822 stirbt der Herzog im Alter von neunundvierzig Jahren. Goethes Tagebuch vom 19. Mai vermerkt lakonisch: *über ... die Gothaische Regierungsveränderung.*

Thronfolger ist Prinz Friedrich. Als Friedrich IV. steht er an der Spitze des Herzogtums. Seine Krankheit, seine nachlassenden Kräfte. Seine Überforderung. Er bleibt in seinem Palais vor dem Siebleber Tor – verwaist sind die herzoglichen Wohn- und Audienzräume im Schloß. Bernhard August von Lindenau, schon unter Emil August maßgeblich an der Regierung beteiligt, übernimmt faktisch die Leitung aller Amtsgeschäfte. Nicht zu Unrecht nennen ihn die Gothaer – die Machtverhältnisse charakterisierend – *Herzog Bernhard.* (Wie Napoleon einst während der Herrschaft Emil Augusts über *le Gouvernement est a Sibleben* sprach, auf Minister Frankenberg und dessen Sommerhaus in Siebleben anspielend.)

Bernhard von Lindenau sieht sich großen Herausforderungen gegenüber. Zum einen hat Herzog Emil August Privatschulden in Höhe von rund 520 000 Talern hinterlassen. Die Gläubiger sind zum Teil hohe Beamte, aber auch Handwerker und kleinere Geschäftleute: Hofglaser, Hoffriseur, Gürtler und Schuster in Gotha, die Glasersche Buchhandlung, der Kabinettsschreiner Munk, der Buchbinder Thomas. Bei letzterem bestellt Emil August noch 1821 *ein Futteral über Napoleons Frühstücksteller, mit Samt gefüttert und mit vergoldeten Beschlägen.* Einmal fordert er *48 Paar Schuhe* an. Auch seine auswärtigen Käufe, die der *Pariser Parfüms* zum Beispiel, sind stets überdimensioniert. Emil August ist für seine kostspieligen Liebhabereien bekannt; dennoch wagt niemand, sich seinen Aufträgen zu verweigern; noch vorhandene und nie beglichene Rechnungen sind unterschrieben: *wird baldigst bezahlt, August Herzog von Gotha und Altenburg.*

Zum anderen besteht Handlungsbedarf, da absehbar ist, daß Friedrich IV. nicht mehr lange zu leben hat. 1806, nach dem Tod ihres Vaters, hatten die beiden Brüder beurkundet, daß die *Sammlungen ihres Vaters* für die *nachfolgenden Generationen erhalten bleiben* sollen. Jetzt drängen Bernhard von Lindenau und Carl von Hoff, der Leiter der Sammlungen, darauf, daß auch die von Emil August und Friedrich IV. erworbene Kunst mit einbezogen werden soll, um im Todesfall den Verlust bzw. die Abwanderung aus der Residenz zu verhindern. Eine Stiftung wird gegründet und die Errichtung eines öffentlichen Museums beschlossen. Ab dem 1. Dezember 1824 kann auf dem Friedenstein in zwölf Räumen die herzogliche Bildergalerie besichtigt werden.

Der kranke Regent. Nur zwei Jahre hat er formal das Amt inne. Treffen mit Goethe aus dieser Zeit sind nicht überliefert.

Sporadisch hält Goethe in seinem Tagebuch Vorgänge fest, die mit Gotha zu tun haben. 8. Oktober 1823: *Kanzler v. Müller eine Fahrt nach Gotha ankündigend, um den Grafen Reinhard zu besuchen.* 11. Oktober: *Abends Kanzler v. Müller, die Reise nach Gotha, Schnepfenthal, Reinhardsbrunn mit Graf Reinhard und Familie erzählend.*

12. Juli 1824: *Quittungen nach Gotha, wegen des*

Zuschusses zur (Jubiläums-) Medaille. 20. September 1824: *Der in Gotha umgekommene arabische Hengst im Bilde.* 23. September: *Müller, den Gothaischen Hengst in Stein abgebildet zurückbringend.* 19. Oktober: *Abdrücke des Gothaischen Pferdes von Müller.* 26. Oktober 1825: *Anerbieten von Gotha.*

Am 11. Februar 1825 stirbt Friedrich IV. im Alter von fünfzig Jahren. (Bei der Obduktion stellt man, vermutlich von seiner Kriegsverletzung herrührend, eine Geschwulst im Gehirn fest, die die Ursache für sein Leiden gewesen sein kann.) Goethe schickt seinen Sohn August zum Begräbnis nach Gotha. *Mein Sohn zur Leiche gefahren,* vermerkt das Tagebuch, dann korrigierend: *Mein Sohn war nach Gotha zum Herzoglichen Leichenbegräbnis gefahren.* Am 17. Februar wird Friedrich im Englischen Garten auf der kleinen Insel inmitten des Parkteiches beerdigt.

Die testamentarischen Vorkehrungen Lindenaus und Hoffs erweisen sich im Hinblick auf die Sammlungen als äußerst weitsichtig. Denn Friedrich IV. kann in der ihm verbliebenen Lebenszeit die Forderungen der Gläubiger seines Bruders nicht zufriedenstellen, so daß es nach 1826 zu einer Versteigerung kommt. Allein *137 Dosen und Tabtieren, 31 Petschaften und Siegelsteine*, ebenso unzählige Ringe und kostbare Steine, darunter *Carneole* und *Saphire*, und schließlich *17 Dutzend Gläser mit Schminken* kommen zu Schleuderpreisen unter den Hammer. Ende des Jahres 1825 erfährt der

Privatnachlaß Friedrichs IV. das gleiche Schicksal. Seine einzigartige Sammlung von Musikalien, insbesondere auf dem Kirchengebiet, wird unter Wert verkauft, die Schätze in alle Winde zerstreut. Goethe erwirbt die Partitur des »Rinaldo«, die Kantate von Winter, zu der er einst den Text geschrieben hat. Und er ersteigert die Zeichnung »Christus und die Ehebrecherin« von Giulio Romano, einem Schüler und Mitarbeiter Raffaels in Rom. Nach Raffael-Kopien hat er in jungen Jahren im Gothaer Schloß begeistert gezeichnet. Seinem Altersfreund Zelter gegenüber nennt er den Erwerb von »Christus und die Ehebrecherin« *eine köstliche Acquisition.* Und am 11. Dezember notiert er in sein Tagebuch: *Ankunft der Gothaischen Sendung; Zeichnung von Julius Roman und Winters Cantate.*

Mit dem Tod des kinderlos gebliebenen Friedrichs erlischt die seit 1640 bestehende Hauptlinie des Gothaer Fürstenhauses. Es beginnen die Erbauseinandersetzungen. Sie dauern fast zwei Jahre an. Auch hier erweist sich Lindenau als geschickter Verhandlungsführer.

In der Gradualnachfolge hat die Nebenlinie Sachsen-Meiningen die größten Ansprüche. 1826 kommt es unter Vermittlung des sächsischen Königs Friedrich August II. zu einem Erbvergleich; die gothaischen Lande werden neu gegliedert.

Die Herzogtümer Gotha und Coburg werden in Personalunion vereinigt. Das Saalfelder Herzogtum wird zwischen Coburg und Meinigen aufgeteilt. Die Selbständigkeit des seit 1672 zu Gotha gehörenden Herzogtums Sachsen-Altenburg wird wiederhergestellt. Das kleine Land des Herzogs von Hildburghausen fällt an Meinigen.

Bernhard von Lindenau verläßt am Tag, da der neue Herzog in Gotha einzieht, die Stadt.

Ernst III. von Sachsen-Coburg-Saalfeld – zweiundvierzig Jahre alt – übernimmt als Herzog Ernst I. das neugeschaffene Herzogtum Sachsen-Coburg-Gotha als Regent. Goethe kennt ihn lange, 1807 begegnet er ihm in Karlsbad, 1811 ist er in Weimar sein Gast, 1817 erwähnt er dessen vom Kupferstecher Müller geschaffenes Porträt. Beziehungen zum herzoglichen Haus in Gotha stellen sich unter der neuen Regentschaft nicht her. Gewiß aber läßt sich Goethe weiterhin berichten. Möglicherweise auch am 26. Januar 1826, als er einträgt: *Dr. Weller von Gotha kommend und von dortigen Zuständen erzählend.*

In diesem Jahr 1826 wird die Erinnerung an seine frühen Besuche in Gotha wieder lebendig, als ihn Ernst II. um eine Biographie Herzog Bernhards bat und ihm die Papiere überließ. Nun sollen die Tagebücher Bernhards im Landes-Industrie-Comptoir in Weimar erscheinen. Carl August wendet sich an Goethe, mit der Bitte, die Edition zu betreuen. Bereits am 14. März 1807 hatte dieser auf eine Anfrage des jungen Historikers Heinrich Luden, seit 1806 Professor der Philosophie und Geschichte in Jena, geantwortet: *Was die Biographie des Herzogs Bernhard betrifft, so habe ich den Gedanken daran lange aufgegeben. Vielleicht entschlie-*

ßen Sie sich, diese Arbeit zu übernehmen. Auch jetzt lehnt er ab. Am 27. November 1826 schreibt er Carl August, sein herzoglicher Wunsch *zu einiger vorläufigen, gründlich einleitenden Instruktion findet mich, nach einmaliger nur flüchtiger Durchlesung der sehr interessanten Hefte, nicht vorbereitet und unterrichtet genug.* Aber er erklärt sich bereit, mit einem noch zu benennenden Herausgeber ein Gespräch zu führen.

Daß Goethe an die Gothaer Jahre zwischen 1776 und 1804 wohl überwiegend angenehme Erinnerungen hat, läßt sich einer Notiz in Kanzler Müllers »Unterhaltungen mit Goethe« vom 11. Oktober 1828 entnehmen. *Von 7 ½ bis 9 Uhr abends war ich ganz allein bei Goethe. Wir sprachen über Reinhard, Zach, die Herzogin-Mutter von Gotha, Herzog Ernst, Fr. von Buchwald, Gotter, Prinz August und von Grimm.*

Auch Eckermann gegenüber äußert Goethe, *in früheren Zeiten oft und gern in Gotha* gewesen zu sein. An einem klaren sonnigen Herbstmorgen im Jahr 1827 geschieht das, die beiden stehen während eines Ausfluges am westlichen Ende des Ettersberges, eine weite Aussicht liegt vor ihnen. *Nach Süden und Westen hin übersah man die ganze Reihe des Thüringerwald-Gebirges; nach Westen, über Erfurt hinaus, das hochliegende Schloß Gotha und den Inselsberg* ... Goethe, so Eckermann, äußert: *Ich sehe von hier aus eine Menge Punkte, an die sich die reichsten Erinnerungen eines langen Lebens knüpfen.* Er spricht dann von Ilmenau und Erfurt. Und über Gotha jenes, daß er *in frühester Zeit oft und gern* hier war.

Dann fügt er abgrenzend an: *doch seit langen Jahren so gut wie gar nicht.* Er gibt dafür eine Erklärung, spricht davon, daß das auch *seine Bewandtnis* habe. *Ich bin dort nicht zum Besten angeschrieben.* Als Beweis erzählt er Eckermann *eine Geschichte.* ›*Als die Mutter des jetzt regierenden Herrn noch in hübscher Jugend war, befand ich mich dort sehr oft. Ich saß eines Abends bei ihr alleine am Teetisch, als die beiden zehn- bis zwölfjährigen Prinzen, zwei hübsche blondlockige Knaben, hereinsprangen und zu uns an den Tisch kamen. Uebermütig, wie ich sein konnte, fuhr ich den beiden Prinzen mit den beiden Händen, in die Haare mit den Worten: ›Nun ihr Semmelköpfe, was macht Ihr‹? Die Buben sahen mich mit großen Augen an, im höchsten Erstaunen über meine Kühnheit, – und haben es mir später nie vergessen!*‹

Mit dieser anekdotischen Verkürzung schließt Goethe das Kapitel seiner Gothaer Zeit unter Emil August und Prinz Friedrich bzw. Herzog Friedrich IV. ab. Die Belege geben ein differenzierteres Bild. Daß er aber gerade die Nichtbeachtung der Hofetikette den halbwüchsigen Prinzen gegenüber als Grund angibt, daß er dort die ganzen Jahre *nicht zum Besten angeschrieben* sei, wirft vielleicht, wenngleich gewiß im Schwanken zwischen Dichtung und Wahrheit, ein Licht auf die nach dem Tod Ernsts II. veränderte Atmosphäre am Gothaer Hof, die Goethe nicht angenehm war.

17

Im Jahr 1827 kommt es zu einer dramatischen Zuspitzung von Goethes Verhältnis zu Gotha. Aber nicht der Fürstenhof, dessen Verwaltung sich seit 1826 teilweise nach Coburg verlagert, ist die Ursache.

Vom *Gothaer Räuberpack* schreibt er empört.

Worum geht es? Am 3. März 1826 hat er nach langen zähen Verhandlungen mit dem Stuttgarter Verleger Johann Friedrich Cotta gerade den endgültigen Vertrag zu seiner »Ausgabe letzter Hand« unterzeichnet. Da erreicht ihn am 4. Juni 1827 ein Brief seines jungen Großneffen Alfred Nicolovius: *Ich bin nämlich*, schreibt dieser, *von Gotha her beauftragt: eine Auswahl der schönsten Stellen aus Ihren Werken zu veranstalten und habe diese Arbeit nur in Erwägung gezogen daß sie ohne Begeisterung von anderen möchte ausgeführt werden, willig übernommen.*

Goethe erwidert ihm umgehend, am 24. Mai schreibt er: *Auch kann ich nicht billigen, daß Du Dich mit den Gothaern eingelassen hast* … Am 13. Juni dann: *muß ich Dich ernstlich dringlich bitten dein Verhältniß zu dem Gothaer Räuberpack ohne Weiteres aufzugeben, denn es würde mir unendlich schmerzhaft seyn, einen so nahen und lieben Verwandten unter denen zu finden welcher das GROSSE UNTERNEHMEN* (gemeint ist die erwähnte »Ausgabe letzter Hand«) *womit ich Le-*

ben und Wirken abzuschließen gedenke, im tiefsten Grunde zu beschädigen aus niederträchtigem Eigennutz sich vorgenommen haben. Nicolovius hat das Manuskript schon fertig und bittet seinen Onkel, trotz dessen entschiedener Reaktion, um Erlaubnis, es dennoch veröffentlichen zu dürfen.

Cotta hatte bereits am 12. April an Goethe geschrieben: *Von allen Feinden ist nach dem Nachdruck der gefährlichste jener teilweise Nachdruck des Bibliographischen Institutes in Gotha, das in seiner Bibliothek der deutschen Klassiker auch mehrere Theile Ihrer Werke geben wird.*

Goethe erwägt eine Klage gegen die Gothaer Verleger. Am 10. Juli erreicht ihn ein Brief seines Neffen. Alfred Nicolovius teilt mit, in der Gothaer Angelegenheit ganz in Goethes Sinne zu handeln. Er *habe von Gotha her eine bestimmte Erklärung erhalten, daß durchaus nichts von Ihnen in jener Sammlung erscheinen wird.* Goethe trägt erleichtert in sein Tagebuch ein: *Ich überdachte die Angelegenheit noch einmal. Antwortete sogleich.*

Er schreibt: *Du hast, mein teurer Neffe, von Natur so viele Vorzüge erhalten ... daß wenn du deinen Studien genugsamen Ernst, deinem Betragen die nöthige Haltung und deinen Handlungen die gehörige Vorsicht nach und nach zu geben lernst, du auf einen schönen Punct des Daseyns gelangen wirst ... es wird mich immer wie dießmal freuen, wenn ich dich vor einem falschen Schritt gewarnt sehe.*

Aber noch ist die Sache mit dem *Gothaer Räuber-*

pack für ihn nicht abgeschlossen. Er traut der *Erklärung* nicht. Am 15. Juli schreibt er dem Neffen: *Wenn der bestimmten Erklärung der Gothaer gemäß durchaus nichts von mir in jener Sammlung erscheinen wird, und ich mich auf deine Zusicherung völlig verlassen kann, so will ich die Klage welche ich gegen sie einzureichen im Begriff stand, zurückhalten.*

Wie sehr ihn das alles erregt, geht auch aus einem Schreiben an Cotta vom 26. Juli 1827 hervor: *Wegen des Gothaer Unterfangens habe, auf Privat-Einwirkungen, die Zusicherung erhalten, daß von* MEINEN ARBEITEN *dort nichts aufgenommen werden sollte. In wiefern man diesem Geschlecht aufs Wort trauen kann weis ich nicht zu sagen; aber in meinen Jahren würde mich zu einem Prozeß schwerlich entschließen.*

Am 25. April 1828 die Notiz *Mundum nach Gotha fertig*. Vermutlich betrifft es das dortige Bibliographische Institut. Haben dessen Verleger sich nicht an die Nicolovius gegebene Zusicherung gehalten? Noch im Herbst beschäftigt Goethe die Sache. Am 28. Oktober schreibt er Cotta: *Was von hiesiger Seite gegen den Gothaischen Nachdruck geschehen könne ist ersichtlich aus beykommenden Wochenblatte*. Es ist die Nr. 78 des »Weimarischen Wochenblattes« vom 28. September. Es enthält eine von Ludecus unterzeichnete Bekanntmachung der Großherzoglichen Landesdirektion, die Vertrieb, Subskription und Kauf der »Miniatur-Bibliothek der deutschen Klassiker« des Bibliographischen Institutes Gotha unter Strafe stellt. Dann wird mitgeteilt, Goethe werde diese Publikation zum *Anlaß nehmen, bey dem Herzoglich Coburgischen Ministerium geziemende Vorstellung zu thun.* Wie beim Prozeß bleibt es vermutlich auch bei dieser Beschwerde bei einer Drohung. Die Auseinandersetzung mit den Gothaer Verlegern ist Goethes letzte in einem lebenslangen Kampf gegen die Raubdrucke seiner Werke.

Das Jahr 1827 bringt nochmals eine Erinnerung an die frühe Gothaer Zeit, an Herzogin Charlotte Amalie. Am 2. Januar notiert Goethe in sein Tagebuch: *Zustand des Herrn von Zach und der Herzogin v. Gotha in Genua; jämmerlich genug* ... Bezieht sich das auf Berichte über Krankheitszustände? Auf anderes? Wir wissen es nicht.

Wohl kaum auf das spektakuläre Zusammenleben der beiden. Seit nunmehr dreiundzwanzig Jahren lebt die Herzogin mit Franz Xaver von Zach zusammen, vermutlich in einer sogenannten *Ehe zur linken Hand.*

Ein Porträt in Öl, gemalt um 1820 von der italienischen Malerin Rosa Bacigalupo, zeigt die fast Siebzigjährige. Krone, Seidenkleid und hermelingefütterter Umhang weisen sie als Herzogin aus. Die aparte Eigenwilligkeit, die die Büste der Zweiundzwanzigjährigen, geschaffen vom französischen Bildhauer Houdon, ausstrahlt, ist noch ahnbar; im Gemälde ebenfalls die länglichen Gesichtszüge, das leicht vorgeschobene Unterkinn. Die Spuren des Lebens aber sind unverkennbar, eine stark gealterte Frau, tiefe Falten um den Mund, ein unnatürlich gerötetes Gesicht. Vier Söhnen hat sie das Leben geschenkt, zwei hat sie im Kindesalter verloren, nun wird sie Zeuge, wie auch im reifen Mannesalter Emil August und Friedrich (den sie noch in Rom besucht) aus dem Leben gehen. Im Jahr 1827 stirbt sie im Alter von fünfundsiebzig Jahren in Genua.

Wann Goethe die Nachricht vom Tod Charlotte Amalies erreicht, ist unklar; es gibt keine Notiz darüber. Franz Xaver von Zach wird Genua nach ihrem Tod verlassen, fünf Jahre später stirbt er in Paris.

Goethes Wertschätzung für den Wissenschaftler hält bis zuletzt an. Er verfolgt Zachs Arbeiten, seinen Briefwechsel mit Bernhard August von Lindenau. *Zachs Correspondenz mit Lindenau von Carl August gesandt*, notiert er am 25. Februar 1817. *Von Serenissimo gesendete Zachische Correspondenz Bd. 13. No. 5 und 6*, am 21. Februar 1826. Es handelt sich um die von 1818 bis 1825 erscheinende »Correspondance astronomique, géographique, hydrographique et statistique du Baron de Zach«. Vier Tage später bedankt sich Goethe, die Lektüre der *Zachschen Hefte* habe ihm *einige höchst vergnügliche Abende* bereitet. Und dann steht da jenes bereits zitierte Urteil über den Verfasser: *Er ist wirklich ... Herr der ganzen Meßwelt, bestätigt und verwirft, theilt Ehren, Würden und Schmach unwiderruflich aus.* Am 20. März 1826 wieder eine Notiz über Zach-Lektüre. Und als der junge Frédéric Soret Anfang Mai zu Besuch ist, unterhält Goethe ihn mit der *Zachischen Correspondenz.*

1828 wird Goethe seinen neunundsiebzigsten Geburtstag begehen. Um ihn lichten sich die Reihen. Der Tod der Gothaer Herzogin und – für ihn äußerst schmerzlich – der Hingang seiner einst geliebten Freundin und Vertrauten Charlotte von Stein. Nun verliert er Herzog Carl August, den Mäzen und Freund, an den ihn fünfzig Jahre Gemeinsamkeit mit allen Höhen und Tiefen binden. Ohne Ahnung des Kommenden begegnen sich die beiden am 29. Mai ein letztes Mal. Wenig später, am 14. Juni 1828, stirbt der acht Jahre Jüngere auf einer Reise. Ein tiefer Einschnitt für Goethe.

Als der Leichnam in Weimar öffentlich aufgebahrt wird, die Trauerfeierlichkeiten für den Landesfürsten beginnen, flieht Goethe aus der Stadt, zieht sich auf die Dornburger Schlösser zurück. *Bei dem schmerzlichen Zustande meines Innern mußte ich wenigstens meine äußeren Sinne schonen und ich begab mich nach Dornburg, um jenen düstren Funktionen zu entgehen.*

Auf den Schlössern hoch über der Saale erlebt er wider Erwarten eine sänftigende, beglückend produktive Zeit. Wunderbare Altersgedichte entstehen: »Dem aufgehenden Vollmonde« mit den Schlußzeilen: *Schlägt mein Herz auch schmerzlich schneller, / Überselig ist die Nacht.* Er läßt es der fernen Geliebten Marianne von Willemer zukommen. Und »Dornburg. September 1828«, jenes: *Früh wenn Tal, Gebirg und Garten / Nebelschleiern sich enthüllen …*

Er liest viel, Walter Scott und Lord Byron, vornehmlich aber Werke zur Botanik, Geschichte und Mineralogie. Darunter de Candolles »Organographie«, Niebuhrs »Römische Geschichte«, Engelhardts »Die Lagerstätten des Goldes und Platin im Ural-Gebirge«

und zwei Bände »Geschichte des thüringischen Volkes«. Er betreibt botanische Studien, verfaßt kleine Aufsätze, einen über den Weinbau, einen über die *bignonia radicans*, die rankende Glockenblume.

Und er empfängt fast täglich Besucher: Sohn, Schwiegertochter und Enkel, Freunde aus Weimar und Jena und Fremde aus aller Welt. Akribisch vermerkt es das Tagebuch.

An einem Sonntag, am 20. Juli, der Eintrag: *Schrön meldete sich von Gotha kommend ... Referirte von seinem nützlich vergnüglichen Aufenthalt in Gotha auf der Sternwarte.*

Heinrich Ludwig Friedrich Schrön, ein junger Mann – 1799 geboren – ist *Gehülfe bei der Sternwarte zu Jena.* Zwei Jahre zuvor, am 27. November 1826, schreibt Goethe an Carl August: *In beiliegenden Unterlagen entschuldigt sich Schrön, die am 29. 11. eintretende Sonnenfinsternis nur im Allgemeinen angeben zu können.* Wenig später, am 18. Dezember, sendet er *die letzten meteorologischen Tafeln* an Carl August. 1827 werden im Großherzogtum neue Wetterbeobachtungstabellen eingeführt, zu denen Schrön detaillierte Anleitungen erarbeitet.

Schrön beschäftigt sich mit der Oszillation des Barometers, er legt eine Arbeit vor: »Meteorologische Beobachtungen der Jahre 1822-27, aufgezeichnet in den Anstalten für Witterungskunde im Grossherzogthum Sachsen-Weimar-Eisenach«. Das alles findet Goethes Interesse; er will den jungen Mann fördern und zur weiteren Ausbildung an eine auswärtige Sternwarte schicken. Die wissenschaftliche Einrichtung am Nachbarhof ist in seinem Blick. 1826 aber konstatiert er einen *zweifelhaften Zustand der Gothaer Sternwarte* (Lindenau hat die Leitung des Observatoriums abgegeben, die Amtsgeschäfte im Herzogtum übernommen). Zudem ist Schrön in Jena wegen der Erarbeitung der neuen Tabellen unabkömmlich; man hofft auf *künftiges Frühjahr*. Im November 1827 ist es soweit. Am Ersten des Monats Goethes Notiz: *Geh. Hofrat Helbig einige Aufträge von Serenissimo. Schröns Absendung nach Gotha*. Am 21. dann: *Geh. Hofrat Helbig, mit der Nachricht, daß Schrön in Gotha willkommen seyn soll.*

Nun, in Dornburg, der Bericht des jungen Mannes: ein *nützlich vergnüglicher Aufenthalt*. Goethe wird zufrieden sein.

Im Jahr 1829 nochmals eine Notiz: *Herr Geh. Hofrat Helbig wegen der Schrönschen Angelegenheit, ein Schreiben von Gotha vorlegend.*

Nach der Rückkehr von Dornburg arbeitet Goethe an der »Italienischen Reise«, Teil 3, und an den »Wanderjahren«.

Am 28. August 1829 die Feier seines 80. Geburtstags. Hohe Ehrungen. Ihn, der, wie er sagt, *sich selbst immer mehr historisch wird*, porträtiert man in dieser Zeit vielfach. Karl Joseph Stieler malt im Auftrag König Ludwigs I. sein Porträt in Öl, Christian Daniel Rauch modelliert die Statuette »Goethe im Hausrock«, Pierre Jean David d'Angers schafft sein Profilmedaillon und die marmorne Kolossalbüste.

Wie Bagatellen nehmen sich dagegen Goethes zwei Einträge aus dem Jahr 1830 zu Gotha aus. Es sind die letzten, in denen die Stadt erwähnt wird. Am 17. Juli heißt es: *Rat Töpfer vor seiner Reise nach Gotha, Aufträge wünschend.* Martin Christian Viktor Töpfer, seit 1821 Landesdirektionsrat in Weimar, fragt gewiß in offiziellem Auftrag an. Welche Wünsche Goethe hat, wissen wir nicht.

Im Sommer, am 14. Juni, ein Besuch aus der Nachbarstadt im Haus am Frauenplan. Es ist ein junges Mädchen, *Mademoiselle Purgold aus Gotha.* Sie wohnt in dem schönen Haus, in dem einst die kranke Geliebte des Herzogs darniederlag, die er mit Ernst II. besuchte und dann an Charlotte von Stein jenen Brief über Sterbehilfe und Liebestod schrieb. Es ist lange her.

In den Augusttagen 1830 erreicht Goethe die *Nachricht von dem Aufstand in Paris.* Mitte und Ende September kommt es in Folge der Julirevolution auch im Großherzogtum Sachsen-Weimar zu Unruhen, vor allem in Jena. *Das Pariser Erdbeben hat seine Erschütterungen durch Europa lebhaft verzweigt,* schreibt er am 5. Oktober an Zelter nach Berlin. Er ist tief beunruhigt; nach Frédéric Sorets Aufzeichnungen sollen die Nachrichten *Herzkrämpfe* ausgelöst haben.

Im November 1830 eine erneute schwere Prüfung, am Zehnten des Monats erhält er die Nachricht vom Tod seines einzigen Sohnes August. Dieser ist im Alter von vierzig Jahren in Rom gestorben. Der Einundachtzigjährige erleidet daraufhin einen Lungenblutsturz.

Im Dezember nimmt er die Arbeit am Zweiten Teil des »Faust« wieder auf, redigiert weiter an seiner »Ausgabe letzter Hand«. Er hat neue Verpflichtungen; nach dem Tod seines Sohnes nimmt er seinen drei Enkeln gegenüber die Vaterstelle ein.

Er weiß, ihm bleibt nicht mehr viel Zeit. Und er füllt diese ihm verbliebene Lebenszeit äußerst diszipliniert und sinnvoll aus. Er grenzt sich von *den schlechten Zuständen in denen man lebt* ab; er, der sich als *Einsiedler*, als *Eremit* bezeichnet, läßt sie nicht in seine *Klause*, seine *Klosterzelle*, die Arbeitsräume im hinteren Teil seines Hauses ein.

Ich kann mich in meiner gegenwärtigen Stellung mit nichts abgeben, als was ich bewundern muß, schreibt er. Das zu Bewundernde aber ist die Kunst. Ohne sie, sagt er, wäre er schon längst untergegangen. Kunstwerke sind für ihn *Schwimmwämser, die mich in meinem Elemente emportragen*. Der über Achtzigjährige baut auf die belebende, regenerierende, aufrichtende Kraft der Kunst. *Die wahre Universalmedizin ist das Vortreffliche*. Die Kunst allein ermöglicht ihm in der erstarrten Gegenwart Teilhabe am Leben.

Es sind vor allem Werke der Bildenden Kunst, aber auch die Musik und Literatur, aus denen ihm Energien zufließen. Ein letztes Mal kommt in diesem Zusammenhang Gotha in Goethes Blickfeld. Der Altphilologe Friedrich Jacobs publiziert in seiner »Griechischen Anthologie« entlegene Texte, macht sie wieder zugänglich, beeinflußt damit die klassische Philologie des 19. Jahrhunderts nachhaltig. 1830 erscheint, übersetzt von ihm, der Schäferroman »Daphnis und Chloe« des griechischen Dichters und Rhetors Longos von Lesbos; eines der bedeutendsten Werke der antiken Literatur.

Goethe liest das Buch mit großem Vergnügen und äußert sich zu Eckermann darüber. Dieser notiert am 20. März 1831: ›*Das Gedicht ist so schön*‹, *sagte er*, ›*daß man den Eindruck davon, bei den schlechten Zuständen in denen man lebt, nicht in sich behalten kann, und daß man immer von neuem erstaunt, wenn man es wieder liest. Es ist darin der hellste Tag …*‹

Die Lektüre von »Daphnis und Chloe«, ein Werk, das *die höchste Kunst und Kultur verrät*, wird für ihn zum *Schwimmwams*, das ihn in seinem *Elemente* emporträgt. *Man tut wohl*, sagt er, *es alle Jahre einmal zu lesen, um immer wieder daran zu lernen, und den Eindruck seiner großen Schönheit aufs neue zu empfinden.*

›*Es ist darin der hellste Tag …*‹

Benutzte Literatur (in Auswahl)

Anonym: »Besprechung J.W. Göthe. Beiträge zur Optik«. In: *Gothaische gelehrte Zeitungen.* 77. Stück vom 26. September 1792.

Beck, August: *Geschichte der Stadt Gotha.* Gotha 1870.

Becker, Rudolf Zacharias: »Der deutsche Bund, eine geheime Gesellschaft« In: *Nationalzeitung der Deutschen.* 9. Stück vom 28. Februar 1811.

Brandsch, Juliane R.: »Ernst II. von Sachsen-Gotha-Altenburg«. In: *Die Gothaer Residenz zur Zeit Herzog Ernsts II. von Sachsen-Gotha-Altenburg.* Stiftung Schloss Friedenstein Gotha. Gotha 2004.

Briefwechsel des Herzogs-Großherzogs Carl August von Sachsen-Weimar-Eisenach mit Goethe. Hg. Hans Wahl. 3 Bde. Berlin 1915-1918.

Brosche, Peter: »Gotha 1798: Vorder- und Hintergründe des 1. Astronomenkongresses«. In: *Photorin, Mitteilungen der Lichtenberggesellschaft.* Heft 5. Saarwellingen 1982.

Dobritzsch, Elisabeth: *Barocke Zauberbühne. Das Ekhof-Theater im Schloß Friedenstein Gotha.* Weimar und Jena 2004.

Ehwald, Rudolf: »Ernst der Zweite von Sachsen-Gotha-Altenburg«. In: *Mitteilungen der Vereinigung für Gothaische Geschichte.* Gotha 1904.

Erkenbrecher, Hans und Robb, Helmut (Hg.): *Die Residenzstadt Gotha zur Goethe-Zeit.* Bucha bei Jena 1998.

Femmel, Gerhard (Hg.): *Corpus der Goethe-Zeichnungen.* Leipzig 1958-1973.

Fesser, Gerd: »Der Erfurter Fürstenkongreß 1808/Talleyrands Doppelspiel/Fünf bittere Jahre«. In: *Thüringen. Blätter zur Landeskunde.* Hg. Landeszentrale für politische Bildung Thüringen. Erfurt 1996.

Fourierbuch des Schlosses Friedenstein Jahrgang 1775. Eintrag 28. Dezember 1775.

Fourierbuch des Schlosses Friedenstein Jahrgang 1789. Eintrag 15. August 1789.

Galletti, Johann Georg August: *Geschichte und Beschreibung des Herzogtums Gotha.* Bd. 1-4. Gotha 1779-1784.

Gesamtregister zu Goethes Weimarer Ausgabe. Hg. Paul Raabe, Bearbeiterin Mechthild Raabe. München 1990.

Goethe, Johann Wolfgang: *Sämtliche Werke, Briefe, Tagebücher und Gespräche.* (Frankfurter Ausgabe) Erste Abteilung: 27 Bände; Zweite Abteilung: 13 Bände. Frankfurt a. M. 1985 ff.

Goethe, Johann Wolfgang: *Werke.* Hg. im Auftrag der Großherzogin Sophie von Sachsen. (Weimarer Ausgabe) Weimar 1887-1919.

Goethe, Johann Wolfgang: *Gespräche. Eine Sammlung zeitgenössischer Berichte aus seinem Umgang.* Auf Grund der Ausgabe und des Nachlasses von Flodoard Freiherrn von Biedermann ergänzt und hg. von Wolfgang Herwig. 5 Bde. Zürich, Stuttgart, München 1965-1987.

Goethes Briefe an Frau von Stein nebst einem Tagebuch aus Italien und Briefen der Frau von Stein. Einleitung von K. Heinemann. 4 Bde. Stuttgart und Berlin o. J.

Goethes Briefwechsel mit seiner Frau. Hg. Hans Gerhard Gräf. Bd. 1: 1792-1806, Bd. 2: 1807-1816. Frankfurt a. M. 1916.

Goethe und Tischbein in Rom. Hg. Petra Maisak. Frankfurt a. M. und Leipzig 2004.

Hermann, Dieter B.: »Das Gothaer Astronomentreffen im Jahr 1798 – ein Vorläufer heutiger wissenschaftlicher Kongresse«. In: *Die Sterne Jg. 46.* Leipzig 1970. (Sonderdruck Mitteilungen der Archenhold-Sternwarte Berlin Treptow Nr. 87).

Homburg, Herfried und Spohr, Louis: *Bilder und Dokumente seiner Zeit.* Kassel 1868.

Hopf, Udo: »Carl Christoph Beßer, der Baumeister Herzog Ernsts II. von Sachsen-Gotha-Altenburg und seine Bauten der Parkarchitektur in Gotha«. In: *Die Gothaer Residenz zur Zeit Herzog Ernsts II. von Sachsen-Gotha-Altenburg.* Stiftung Schloss Friedenstein Gotha. Gotha 2004.

Ignasiak, Detlef: *Das literarische Gotha.* Bucha bei Jena 2003.

Jacobs, Gustav: *Geschichte der Feldzüge und Schicksale der Gotha-Altenburgischen Krieger 1807 bis 1815.* Altenburg 1835.

Jericke, Alfred: *Goethe und sein Haus am Frauenplan.* Weimar 1959.

John, Jürgen (Hg.): *Kleinstaaten und Kultur in Thüringen vom 16. bis 20. Jahrhundert.* Weimar, Köln, Wien 1994.

Kaufmann, Sylke (Hg.): *Goethes Malerin. Die Erinnerungen der Louise Seidler.* Berlin 2003.

Klauss, Jochen und Pietsch, Jürgen: *Goethes Wohnhaus in Weimar.* Weimar o. J.

Kleßmann, Eckart (Hg.): *Deutschland unter Napoleon in Augenzeugenberichten.* Düsseldorf 1965.

Kleßmann, Eckart: *Napoleon und die Deutschen.* Berlin 2007.

Klinger, Andreas: »Das Herzogtum Sachsen-Gotha-Altenburg in der zweiten Hälfte des 18. Jahrhunderts«. In: *Die Gothaer Residenz zur Zeit Herzog Ernsts II. von Sachsen-Gotha-Altenburg.* Stiftung Schloss Friedenstein Gotha. Gotha 2004.

Knauth, Christian Maximilian Wilhelm: *Spanisches Tagebuch. Feldzug in Katalonien 1810.* Hg. Otto Bessenrodt. Gotha 1937.

Köhler, Christoph: *Gotha. Eine thüringische Residenz zur Aufklärungszeit. Studien zum geistigen kulturellen Leben unter Ernst II.* Phil. Diss. Jena 1992.

Köhler, Christoph: »Sylvius Friederich Ludwig von Frankenberg«. In: *Kleinstaaten und Kultur in Thüringen vom 16. bis 20. Jahrhundert.* Hg. Jürgen John. Weimar, Köln, Wien 1994.

Krischke, Roland: *Arthur Schopenhauer in Gotha.* Halle (Saale) 2013.

Longus: *Hirtengeschichten von Daphnis und Cloe.* Übersetzt von Friedrich Jacobs. Stuttgart 1830.

Mathies, Ulrike D.: »Jean-Antoine Houdon, Ernst II. und die französische Aufklärung«. In: *Die Gothaer Residenz zur Zeit Herzog Ernsts II. von Sachsen-Gotha-Altenburg*. Stiftung Schloss Friedenstein Gotha. Gotha 2004.

Martens, Thomas: »Die Herzogliche Naturalienkammer und der Beginn geologischer Wissenschaften in Gotha.« In: *Die Gothaer Residenz zur Zeit Herzog Ernsts II. von Sachsen-Gotha-Altenburg*. Stiftung Schloss Friedenstein Gotha. Gotha 2004.

Müller, Eduard: »Gotha nach der Schlacht bei Leipzig«. In: *Rund um den Friedenstein*. Gotha 1934.

Müller, Friedrich von: *Unterhaltungen mit Goethe*. Hg. Renate Grumach. München 1982.

Oschmann, Martin: »Naturwissenschaft und Naturforscher im 19. Jahrhundert in Gotha«. In *Gothaer Museumsheft. Abhandlungen und Berichte des Naturkundemuseums*. Gotha 1969.

Rau, Petra: »Bildhauerkunst am Hofe Ernsts II. von Sachsen-Gotha-Altenburg«. In: *Die Gothaer Residenz zur Zeit Herzog Ernsts II. von Sachsen-Gotha-Altenburg*. Stiftung Schloss Friedenstein Gotha. Gotha 2004.

Reichard, Heinrich August Ottokar (Hg.): *Theaterkalender (1775-1800)*. Jahrgänge 1775, 1782, 1783.

Reichard, Heinrich August Ottokar: *Selbstbiographie*. Hg. H. Uhde. Stuttgart 1877.

Rohrmüller, Mark: »Herzog Ernst II. und die Gothaer Freimaurerloge, 1774-1801«. In: *Die Gothaer Residenz zur Zeit Herzog Ernsts II. von Sachsen-Gotha-*

Altenburg. Stiftung Schloss Friedenstein Gotha. Gotha 2004.

Sachse, Johann Christoph: *Der deutsche Gil Blas. eingeführt von Goethe. Oder Leben, Wanderungen und Schicksale Johann Christoph Sachses, eines Thüringers. Von ihm selbst verfaßt*. Stuttgart 1822.

Schäfer, Bernd: »Das Kupferstichkabinett unter Herzog Ernst II.«. In: *Die Gothaer Residenz zur Zeit Herzog Ernsts II. von Sachsen-Gotha-Altenburg*. Stiftung Schloss Friedenstein Gotha. Gotha 2004.

Schmidt, Kurt (Hg.): *Gotha. Das Buch einer deutschen Stadt*. Bd. 1-2. Gotha 1931-1938.

Schneider, Gottlob: *Gothaer Gedenkbuch*, Band 1-2, Gotha 1906-1909.

Schuttwolf, Allmuth: *Sammlung der Plastik. Schlossmuseum Gotha*. Gotha 1995.

Schuttwolf, Almuth: »Ernst II. als Förderer Johann Heinrich Wilhelm Tischbeins, Ernst II. als Gemäldesammler«. In: *Die Gothaer Residenz zur Zeit Herzog Ernsts II. von Sachsen-Gotha-Altenburg*. Stiftung Schloss Friedenstein Gotha. Gotha 2004.

Schüttler, Hermann: »Ernst II. als Freimaurer und Illuminat«. In: *Die Gothaer Residenz zur Zeit Herzog Ernsts II. von Sachsen-Gotha-Altenburg*. Stiftung Schloss Friedenstein Gotha. Gotha 2004.

Schwarz, Oliver: »Gothas Entwicklung zu einem europäischen Zentrum der Astronomie und Geodäsie«. In: *Die Gothaer Residenz zur Zeit Herzog Ernsts II. von Sachsen-Gotha-Altenburg*. Stiftung Schloss Friedenstein Gotha. Gotha 2004.

Seibt, Gustav: *Goethe und Napoleon. Eine historische Begegnung*. München 2010.

Sengle, Friedrich: *Das Genie und sein Fürst*. Stuttgart und Weimar 1993.

Seume, Johann Gottfried: *Spaziergang nach Syrakus*. Hg. Jörg Drews. Frankfurt a. M. und Leipzig 2001.

Sossenheimer, Maria Anna: *Georg Friedrich Rebmann und das Problem der Revolution. Revolutionserfahrungen, Revolutionsinterpretationen und Revolutionspläne eines deutschen Republikaners*. Frankfurt, Bonn, New York, Paris 1988.

Spohr, Louis: *Selbstbiographie*. 2 Bde. Kassel und Göttingen 1860-1861 (Nachdruck Kassel und Basel 1954).

Steiger, Robert: *Goethes Leben von Tag zu Tag. Eine dokumentarische Chronik*. Zürich und München 1982 ff.

Steiger, Robert: *Goethes Leben von Tag zu Tag. Eine dokumentarische Chronik. Generalregister*. Hg. Siegfried Seifert. Berlin und Boston 2011.

Steube, Johann Caspar: *Wanderschaften und Schicksale*. Gotha 1791.

Stiftung Schloss Friedenstein Gotha (Hg.): *Über Napoleon. Auf den Spuren des Kaisers der Franzosen in Gotha*. Gotha 2006.

Stumpf, Manfred: »Was galt ein Astronom in Gotha?« In: *Die Sterne*, 64. Jg. Leipzig 1988.

Stumpf, Manfred und Marhold, Thomas: »Zur Geschichte der Sternwarten Gothas«. In: *Gothaer Museumsheft*. Abhandlungen und Berichte zur Regionalgeschichte. Gotha 1985.

Stumpf, Manfred und Marhold, Thomas: »Sachzeugen der astronomischen Epoche Gothas – Zum 200. Geburtstag der Errichtung der Sternwarte auf dem Seeberg«. In: *Gothaer Museumsheft*. Gotha 1988.

Thimm, Günther: »Der Herzogliche Park«. In: *Die Gothaer Residenz zur Zeit Herzog Ernsts II. von Sachsen-Gotha-Altenburg*. Stiftung Schloss Friedenstein Gotha. Gotha 2004.

Tölle, Ursula: *Rudolph Zacharias Becker. Versuche der Volksaufklärung im 18. Jahrhundert in Deutschland*. Münster 1994.

Unseld, Siegfried: *Goethe und seine Verleger*. Frankfurt a. M. und Leipzig 1991.

Unterberger, Rose: *Die Goethe-Chronik*. Frankfurt a. M. und Leipzig 2002.

Zapperi, Roberto: *Das Inkognito. Goethes ganz andere Existenz in Rom*. München 1999 (4. Auflage 2002).

Zeyß, Edwin: »Goethes Besuche am herzoglichen Hofe zu Gotha«: In: *Gotha und sein Gymnasium*. Festschrift zur 400-Jahrfeier des Gymnasiums Ernestinum. Gotha 1924.

Zeyß, Edwin: »Goethe und die beiden letzten Herzöge von Sachsen-Gotha und Altenburg«. In: *Rund um den Friedenstein*. 2 Teile. 2. Jg. 4 und 5. Gotha 1925.

Dank

Mein Dank gilt der Forschungsbibliothek auf Schloß Friedenstein in Gotha. Ebenso danke ich Christine Razum und Hans J. Wiedemann für ihre kritische und tätige Begleitung des Manuskriptes.

Sigrid Damm

Berlin, den 7. Februar 2014